W0198535

Die Rechtschreibung dieser Publikation entspricht dem Original von 1918.

Charakterzüge und Anekdoten aus dem Leben des

Prinzregenten Luitpold von Bayern.

Von Dr. Albert Müller

Nachdruck der Ausgabe von 1918

Der Bergbauernwirt
Manuela Tetz-Semet
Sonderdorf 18
87538 Bolsterlang
Telefon 08326 - 7444
www.DerBergbauernwirt.de
info@DerBergbauernwirt.de

Inhalt

Der Prinzregent 1900 Gemälde von F.A. Kaulbach

Ein Lebens und Charakterbild des Prinzregenten Luitpold.

Am 12. März 1821 wurde dem Kronprinzen und späteren König Ludwig und seiner Gemahlin, der Prinzessin Therese von Sachsen-Hildburghausen, einer Nichte der für jeden Deutschen unvergeßlichen Königin Luise von Preußen, im Residenzschlosse der alten Mainstadt Würzburg ein dritter Sohn geboren, der beim feierlichen Taufakt am gleichen Tage zur Erinnerung an den kraftvollen Ahnherrn des Hauses Wittelsbach den Namen Luitpold erhielt. Als Taufpaten sind in die Pfarreimatrikel der Hofpfarrei zu Würzburg eingetragen Prinz Karl von Bayern, der Erbprinz Ludwig von Sachsen-Hildburghausen und Wilhelm, regierender Herzog von Nassau; als ihr Stellvertreter ist genannt der Staatsrat, Generalkommissar und Regierungspräsident des „Untern Mainkreis“, erster Kurator der Universität Würzburg, Franz Wilhelm Frh. von Asbeck. Der Vater, der damals gerade in Rom weilte, empfand bei der Nachricht eine solche Freude, daß er sofort zu seinen Bekannten eilte, um ihnen die frohe Kunde zu bringen, obwohl er infolge eines Unfalls an einer heftigen Armverrenkung litt.

Die ersten Lebensjahre bis zur Thronbesteigung des Vaters verlebte Prinz Luitpold im engen Familienkreise unter den Augen der treusorgenden Eltern in Würzburg. Der alte Garten hinter dem Schlosse mit seinen lustigen Sandsteinbübchen und mächtigen Bäumen war der erste Tummelplatz des Knaben. Im Sommer ging es nach Aschaffenburg oder in das liebliche Rhönbad Brückenau mit seiner würzigen Waldluft und seinen rauschenden Quellen.

Als im Jahre 1825 König Max I. starb, bestieg Kronprinz Ludwig den Thron. Die Familie siedelte nach München über und das Schloß Nymphenburg nahm nun den kleinen Luitpold auf.

Schnell verging der Traum der Kindheit; frühzeitig ging es ans Lernen. König Ludwig I. legte in das zarte Gemüt seines Lieblingssohnes Luitpold schon jenes hohe Gefühl von Pflicht und Verantwortlichkeit, das diesen durch sein ganzes Leben begleitete. Die Erziehungsweise der durch alle fraulichen Tugenden hervorragenden Königin Therese war darauf gerichtet, ihren „Pold“, an dem sie mit zärtlicher Sorgfalt hing, der mit ihr auch die meiste Ähnlichkeit hatte, zum Gut- und Gütigsein, zum Wohltun und Verzeihen anzuleiten.

Wie seine Brüder Max und Otto erhielt auch Luitpold Unterricht in den Lehrfächern des Gymnasiums und wurde in seiner weiteren Erziehung zu Tugenden angehalten, die Herrscher wie Bürger zieren. Dieselben Grundsätze, die König Ludwig I. zur Erziehung seines Sohnes Maximilian aufge-

stellt hatte, galten auch für die Heranbildung Luitpolds. Den Erzieher von Hohenhausen ermahnte der König, daß er den Prinzen unermüdlich ansporne, sich durch eigenen Wert seines bevorzugten Standes würdig zu erweisen.
Daneben war der junge Prinz von eigens dazu bestellten Lehrern auch in allen körperlichen Übungen, wie Turnen, Reiten, Tanzen, Fechten, Schwimmen, trefflich ausgebildet, wodurch der Grund zu seiner wahrhaft staunenswerten Abhärtung und Widerstandsfähigkeit gelegt wurde. Von seiner körperlichen Kraft und Ausdauer ist ein beredtes Zeugnis, daß er den Starnbergersee zwischen Berg und Possenhofen zu durchschwimmen vermochte. Durch tagelanges Wandern in tiefen, geheimnisvollen Waldesgründen und Klettern in den schönen Bergen des Bayernlandes, in der erhabenen Gebirgswelt des Watzmanngebietes, ward er ein kühner, unerschrockener Steiger.
So wuchs Luitpold unter sorgfältiger Pflege von Körper und Geist zu einem stattlichen Jünglinge heran. Noch oft begegnet man sowohl in Familienhäusern als auch in öffentlichen Lokalen einer Lithographie, welche die Familie Königs Ludwigs I. darstellt, die vor einem Gemälde steht, das den Einzug des Königs Otto von Griechenland in Nauplia am 6. Februar 1833 wiedergibt. Inmitten des Bildes lehnt sich ein etwa dreizehnjähriger Knabe in grauem Rock mit umgeschlagenem

Luitpold, 4 Jahre alt

Hemdkragen an seinen königlichen Vater, gar aufmerksam auf das Bild schauend. Das ist Prinz Luitpold.

Damit der Prinz gerüstet sei „sollte er einmal auf den Thron kommen", wurde er von ausgezeichneten Universitätslehrern, unter denen sich Männer wie der Staatslehrer Moy, der Nationalökonom Herrmann, der Geschichtsforscher Philipp befinden, in allen Wissenschaften unterrichtet und von Männern wie Quaglio, Gail und Luger in das Reich der schönen Künste eingeführt.

Die Lehrjahre gingen schnell dahin. Luitpold blieb die Freude seiner Eltern. Welch große Liebe König Ludwig für seinen Sohn Luitpold hegte, bekundet er in dem Gedichte, dass er dem Zweiundzwanzigjährigen widmete:

> „Nie, mein Luitpold, habe auf dich ich jemals gedichtet,
> Und gedichtet ist nicht, heiße fürtrefflich ich dich.
> Zweiundzwanzig Jahre sind dir schon geworden, doch niemals
> Hast du die Eltern gekränkt, Freude bereitend allein.
> Wie ein Bach, sanft fließend durch blumige, liebliche Auen,
> Floß dein Leben bis jetzt, mild und heiter zugleich.

Möge kein Sturm ihn trügen den klaren, kristallnen Spiegel
Bis zu der Ewigkeit Meer immer freundlich dahin."

Aber nicht untätig und genußliebend wollte der Prinz sein Leben verbringen; er wählte sich einen Beruf. Schon in frühen Jahren wendeten sich seine Neigungen dem Waffenwerke zu und so empfing er auch für dieses eine sorgfältige wissenschaftliche Ausbildung. An seinem 14. Geburtstag 1835 wurde dem „tüchtigen und gar braven" Prinzen Luitpold von seinem königlichen Vater eine freudige Überraschung zuteil: er erhielt das Hauptmanns-Patent in der Artillerie, während er selbst sich nur eine Leutnantsstelle erwartet hatte. Damit war er freilich nur nominell in die Armee aufgenommen, da er zunächst noch einige Jahre seine wissenschaftliche Ausbildung vervollkommnen mußte. Erst am 1. April 1839 kurz nach erfolgter Volljährigkeit, begann seine militärische Laufbahn und zwar mußte er „von der Pike auf", d.h. als schlichter Kanonier, dienen. Wie ein Sohn des Volkes stand er Schildwache vor dem Hause des Artilleriekorpskommandanten Generalleutnants Frhr. von Zoller. In der Dienerstraße zu München sammelte sich an jenem denkwürdigen Ostermontag viel Volkes, das um die Mittagsstunde staunend auf den jugendlichen Artilleriehauptmann blickte, der ernst und würdig mit geschultertem Gewehr seinen ersten Dienst als Soldat verrichtete. Auch Königin Therese fuhr mit den Prinzessinnen eigens vorüber, um den Sohn und Bruder begrüßen zu können. Es war eben des Königs Wille, daß sein Sohn alle Dienstobliegenheiten aus eigenem Erleben kennen lernen sollte. Demgemäß bewachte der Prinz einige Tage später auch das Artilleriegerät auf Oberwiesenfeld und machte als Korporal dreimal den Dienst als Wachhabender an der Kosttorkaserne und Inselkaserne sowie an den alten Zeughausremisen.

In rascher Folge durchlief Prinz Luitpold sodann die weiteren Etappen des Artillerieoffiziers. Zum 1. November 1839 schon ernannte König Ludwig I. ihn zum Oberstinhaber des ersten Artillerieregiments. Luitpold führte zunächst eine Batterie und übernahm im Frühjahr 1841 das Regimentskommando, gab es aber schon nach der Herbstinspizierung wieder ab, um auch bei der Infanterie und Kavallerie den praktischen Dienst zu erlernen. 1845 wurde er Generalmajor und Brigadier und einige Monate später wegen seines hervorragenden Pflichtgefühls, der umfassenden Bildung und Dienstkenntnis Referent für Artilleriewesen im Kriegsministerium. 1848 trat er als Generalleutnant an die Spitze des Artilleriekorps, dessen Kommandant er bis 1866 blieb. Am 6. Juni 1861 ward der Prinz als Feldzeugmeister sowie als Vor stand der Infanterie-Beratungskommission bestellt und im Jahre 1869 wurde er Generalinspektor der Armee. Am Kriege 1866 beteiligte er sich mit seinen Söhnen Ludwig und Leopold. In diesem hatte er zuerst das Kommando über die Reserve-Infanterie-Division, dann über die 3. Infanterie-Division, wobei er am 25. Juli im Gefecht bei Helmstadt vergebens in der vorderen Linie der feindlichen Übermacht standhielt. So unglücklich die Lage dieser Truppe damals war, er selbst tat seine Pflicht als Soldat bis zum letzten Augenblick. Mit Ruhe und Sicherheit traf er alle Anordnungen, suchte den Mut der Soldaten zu beleben und ertrug es tapfer und standhaft, als er seinen ältesten Sohn, den Prinzen Ludwig, der Ordonnanzdienst tat, durch einen Schuß in den Oberschenkel schwer verwundet, aus dem Gefechte tragen sah. Erst spät abends, als Freund und Feind ihr Lager aufgesucht hatten, eilte der tief bekümmerte Vater an das Schmerzenslager seines Sohnes. Zum Glück für uns Deutsche dauerte dieser Krieg nicht lange.

Im großen deutschen Einigungskampfe 1870/71 durfte Prinz Luitpold zu seinem größten Leidwesen seine Bayern nicht in die siegreichen Schlachten führen, sondern befand sich als diplomatisch-militärischer Vertreter König Ludwig II. im

Luitpold als Artilleriehauptmann

Hauptquartier. Es war ihm vergönnt, an den großen Schlachten von Gravelotte und St. Privat, Beaumont und Sedan teilzunehmen. Er überbrachte als erster dem König Wilhelm von Preußen die Nachricht von Napoleons Gefangenschaft und war Zeuge des ergreifenden Augenblicks, als der gefangene Napoleon seinen Degen in die Hände des Siegers legte. Während der ganzen Dauer der Belagerung von Paris hielt er sich im großen Hauptquartier in Ferrières und Versailles auf. Seine bedeutsamste Aufgabe ward ihm hier in der Überreichung des Briefes König Ludwig II., in welchem dieser dem Preußenkönig im Namen der deutschen Fürsten und freien Städte die Kaiserkrone anbot. Am 18. Januar 1871 wohnte er auch der denkwürdigen Wiederaufrichtung des neuen Deutschen Reiches im Spiegelsaale zu Versailles bei, als im Herzen des feindlichen Landes die siegreichen Fahnen des deutschen Heeres sich vor dem ersten Hohenzollern-Kaiser neigten. Und der Jubel des dankbaren Vaterlandes umbrauste auch ihn, als er am Siegeseinzug in Berlin teilnahm.

Nach dem Kriege nahm Prinz Luitpold tätigen Anteil an der Neugestaltung des gesamten Heerwesens und wurde 1876 aus Anlaß seines 40. Dienstjahres von König Ludwig II. zum Generalfeldzeugmeister ernannt. Damit hatte er den höchsten möglichen Grad seiner Waffe in gewissenhafter, strenger Arbeit erreicht und kannte später als oberster Kriegsherr das Wesen des bayerischen Heeres aufs Genaueste.

Die militärische Laufbahn des Prinzen erhielt in den Jahren 1841 - 47 eine für die weitere Ausbildung des Prinzen willkommene Unterbrechung. Durch Reisen im In- und Auslande durfte Prinz Luitpold seinen Gesichtskreis erweitern und es empfand in der Tat sein naturliebender und kunstfreudiger Geist die mannigfachsten Anregungen. Zunächst galt sein Besuch Italien, dem Lande seiner Sehnsucht, das mit seinen Schönheiten der Natur und Kunst, seinen herrlichen Denkmälern einer großen Vergangenheit schon auf seinen hohen Vater einen solchen Zauber ausgeübt hat. Alle wichtigen Städte dieses Landes, Mailand, Venedig, Genua, Neapel und vor allem das ewige Rom, damals noch Hauptstadt des Kirchenstaates, mit all seiner Kunst und Pracht sah und bewunderte er. In Spanien staunte er die Denkmäler arabischer Kunst an, den Säulendom in Cordoba und das zauberhafte Schloß „Alhambra". Er machte auch von Gibraltar aus einen Ausflug ins Gebiet von Marokko und tat in Tanger einen Blick in die maurische Welt der Gegenwart.
Die im Jahre 1846 unternommene Reise führte den Prinzen nach dem Osten. Von Regensburg fuhr er auf einem Donaudampfer die Donau abwärts nach Wien, nach Belgrad bis zur Sulinamündung, wo er dann durch das Schwarze Meer

in den Bosporus einfuhr und die Wunderstadt am „Goldenen Horn“ mit ihren zahllosen Kuppeln und Minaretts vor seinen staunenden Blicken liegen sah. Nach Besichtigung der Stadt wurde die Reise fortgesetzt entlang der kleinasiatischen Küste. Bei Smyrna trank er unter Fellzelten den Kaffee, den ihm ein Beduinenstamm reichte. Dann ging es quer über das Meer zu dem Wunderland der Pharaonen. Hier besuchte er all die Zeugen irdischer Größe und Vergänglichkeit, die Stadt Alexandria, das alte Theben, die Pyramiden, die Felsengräber der ägyptischen Könige, und durchfuhr das Niltal bis in die Gegend von Assuan, bis zu den Stromschnellen des Nils. Bei der Rückkehr haben die Scheiks in der Gegend des vieltausendjährigen Theben in Ägypten dem Prinzen durch ihre buntfarbigen Beduinentruppen auf ihren arabischen Pferden ein wildes Scheingefecht aufführen lassen. Über Kairo nach Alexandrien zurückgekehrt, fuhr Prinz Luitpold übers Meer nach Griechenland. Bald lief das Schiff in Piräus ein, wo das erste herzliche Wiedersehen mit Otto, seinem Bruder, erfolgte. Luitpolds Interesse galt der alten Kultur- und Kunststadt Athen, der Akropolis mit ihren Tempelruinen. Endlich mahnte die Zeit zur Heimreise. Unter herzlichen Umarmungen, vielleicht nicht ohne Wehmut, verabschiedete sich Luitpold von seinem Bruder. Die Rückfahrt vollzog sich über das Ionische Meer entlang der

Westküste. Von Florenz aus eilte er hochbeglückt den heimatlichen Fluren zu.

Ein besonderer Glückstern begleitete den Prinzen auf seiner Reise nach Italien. In Neapel lernte er die sechszehnjährige Prinzessin Auguste Ferdinande kennen, Tochter des Großherzogs Leopold II. von Toskana, welche damals mit ihrer Tante, der Großherzogin Witwe Marie, in der dem König von Neapel gehörigen Villa Chiatomone zur Erholung Winteraufenthalt genommen hatte. Der Prinz verweilte öfters des Abends im intimen Familienkreis, wo Prinzessin Auguste durch ihre Erscheinung, durch ihren Seelenadel und ihren blendenden Geist ihn mächtig fesselte. Sein im Frühjahr 1843 nach Florenz ergangener Heiratsantrag wurde mit Freuden angenommen und am 15. April 1844 wurde in dem berühmten Dome zu Florenz die feierliche Vermählung durch den Erzbischof vollzogen. War Prinz Luitpold durch seine Mutter dem Hohenzollernhause verwandt, so wurde er es durch seine Gemahlin mit dem ehrwürdigen Habsburger Kaiserhause. Bis zum 23. April reihten sich noch verschiedene glänzende Festlichkeiten der Hochzeitsfeier an, dann schlug die Abschiedsstunde.

Unter dem Jubel der Bevölkerung zog das junge Paar am 29. April nachmittags 2 Uhr in München ein, ehrfurchtsvoll begrüßt durch den ersten Bürgermeister Dr. Bauer, von freudiger Begeisterung umjubelt von der versammelten Volksmenge. In der königlichen Burg wurden die Neuvermählten am Fuße der Kaisertreppe von den Palastdamen und Herren des großen Korteges empfangen und in die Arme der königlichen Eltern geleitet, welche die ersehnte Schwiegertochter und den geliebten Sohn hocherfreut an ihre Brust schlossen. Gar bald gelang es Prinzessin Auguste in ihrer neuen Heimat sich die Liebe aller Herzen zu gewinnen. Die Ehe des Prinzen Luitpold war die denkbar glücklichste. Am vollkommensten gestaltete sich das eheliche Glück, als am 7. Januar 1845 ein Erbe geboren wurde, der in der heiligen Taufe den Namen Ludwig empfing. Am 9. Februar 1846 erblickte Prinz Leopold das Licht der Welt und am 12. November 1850 die einzige Tochter, Prinzessin Therese.

Im Jahre 1852 verlegte Prinz Luitpold seine Wohnung von der Residenz in das Wittelsbacher Palais und hier beschenkte Prinzessin Auguste ihren Gatten mit einem dritten Sohne, dem Prinzen Arnulf. Infolge der Vergrößerung der Familie erwarb sich Prinz Luitpold das Palais der Herzogin von Leuchtenberg, einer Tante des Prinzen und Gemahlin Eugen Beauharnais, des Stiefsohns Napoleon I.

Schöne, stille Tage verlebte die Familie des Prinzen Luitpold in dem lieblichen Amsee, einer nach

Augusta Ferdinande, Prinzessin von Bayern

dem Geschmacke der kunstsinnigen Prinzessin erbauten und von einem reizenden Parke umgebenen Villa am Bodensee, nahe den Bergen. Im Jahre 1849 hielt Prinz Luitpold seinen Einzug und von nun an diente dieser schöne Erdenfleck jeden Sommer der Familie als Sommeraufenthalt. Eltern und Kinder haben hier durch die prächtige Aussicht auf den Bodensee und die fernen Höhenzüge der Alpen, durch häufige Ausflüge in die Umgebung glückliche Tage verlebt. Lindau und die Landgemeinden waren in begreiflicher Aufregung. Die Stadt sah manch illustre Gäste absteigen. König Ludwig mit Kindern und Enkeln, König Max mit seinem gelehrten Dreigestirn, Kobell, Bodenstedt und Riehl, die schriftstellernde und nachmals fast ganz erblindete Prinzessin Amalie von Sachsen und noch viele andere suchten Amsee auf. Kaum hatte die fürstliche Familie ihr Heim bezogen, als sich zum erstenmal die Offiziere des Bodensees in Lindau zu ihrem „Waffenverbrüderungsfest" zusammenfanden, an dem auch Prinz Luitpold teilnahm und sich in seiner gewohnten anspruchslosen Weise mit den Herren unterhielt.
Naturgemäß hat sich auch ein freundschaftlicher Nachbarverkehr zwischen den Bewohnern von Amsee und den Lindauern angesponnen. Frau Prinzessin Luitpold trug nicht wenig dazu bei. Amsee wäre überhaupt undenkbar gewesen ohne sie, die liebe und gütige Frau. Wenn sie Gutes tat,

so geschah es nur aus voller Hingabe. Sie unterstützte zahlreiche arme Familien, besuchte die Kranken im Spital und scheute sich auch nicht einer armen Glasersfrau selbst die Suppe zu bringen. Aber in ganz besonders gutem Gedächtnis haben sie die Lindauer vom Kinderfest. Die hohe Frau ließ es sich nicht nehmen bei der Verteilung der Butschellen, süßen Brotes, unter die Kinder anwesend zu sein und auf dem Festplatze sah man sie des Nachmittags, an der Hand ihre eigenen Kinder, strahlend durch das Gedränge der Jugend gehen – wie eine große, mitfühlende Mutter. An die edle Prinzessin erinnert noch eine kleine Kapelle, die im Norden von Amsee auf einem bescheidenen Hügel, der „Weißenberger Halde", dereinst von ihr aus inniger Frömmigkeit gestiftet wurde.

In der Familie war die hohe Frau stets bestrebt, nicht nur ihrem Gatten eine aufopfernde Genossin sondern auch ihren Kindern eine liebevolle und gerechte Mutter zu sein. Ihre Seligkeit war die Beschäftigung mit ihren Kindern. Sie las, studierte und spielte mit ihnen, gab ihnen Unterricht in den Anfangsgründen der Religion und des Italienischen und lernte mit ihren zwei ältesten Söhnen Neugriechisch. Das schöne Verhältnis mit ihr und ihren Kindern erlitt auch keinerlei Veränderung, als diese herangewachsen waren, vielmehr nahmen diese nach wie vor mit ihren Anliegen Zuflucht zur Mutter und als wahrhaft gute Frau wußte sie so ihre Söhne unmerklich zum Guten anzuleiten. Das nämliche Pflichtgefühl, das sie beseelte, suchte die Prinzessin auch ihren Kindern von frühester Jugend an einzuimpfen, um tüchtige, dem Lande nützliche Menschen aus ihnen zu machen. Aufopfernde Liebe für das Vaterland, treue Anhänglichkeit an den König, Gehorsam und Verträglichkeit wurde ihnen immer wieder zur Pflicht gemacht. Sie sollten inne werden, daß sie nur durch sich, durch ihre Charaktereigenschaften und Leistungen berechtigt seien, sich besser als andere zu dünken, daß gerade durch ihre soziale Stellung ihre Verantwortung und ihre Pflichten nur gesteigert würden, und daß man nur umsomehr das Recht habe, große Anforderungen an sie zu stellen.

So führte die erlauchte Mutter bei einer Überschwemmung der Isar, welche in den tiefer gelegenen Stadtteilen große Verwüstungen angerichtet hatte, ihre beiden ältesten Söhne hinaus in eine schwer heimgesuchte Hütte und brachte ihnen gegenüber dem großen dort herrschenden Elende ihre glückliche Lage als unverdiente Bevorzugung zum Bewußtsein.

Das Bild der Familie des Prinzen Luitpold aus dem Jahre 1860 gibt uns einen Beweis von dem innigen, trauten Verhältnis, der Einfachheit und bürgerlichen Schlichtheit in dessen Familienkreise. Die erlauchten Eltern sitzen um einen Tisch. Der älteste Sohn Ludwig steht auf der rechten Seite, der zweite Sohn Leopold zwischen Vater und Mutter, der jüngste Sprosse, Prinz Arnulf, lehnt sich kindlich selig an den erlauchten Vater. Prinzessin Therese schmiegt sich an die vielgeliebte Mutter voll herzlicher Hingabe.

Doch nicht immer schien die Sonne des Glücks. Großes Herzeleid war schon im Jahre 1854 über den Prinzen Luitpold gekommen. Am 26. Oktober, früh 4 Uhr verschied sanft und gottergeben als Opfer der damals in München wütenden Cholera seine innig verehrte Mutter, die Königin Therese, nach ganz kurzem Krankenlager. Prinz Luitpold war es, der tief ergriffen und herzerschüttert der heißgeliebten Mutter die treuen Augen schloß. Sorge um Sorge brachte die politisch bewegte Zeit. In den Verfassungsfragen war Luitpolds Vater den Wünschen des Volkes entgegengekommen. Aber die Meinungsverschiedenheiten persönlicher und politischer Natur veranlaßten ihn zur freiwilligen Thronentsagung. Vergebens beschwor Luitpold im Familienrat den Vater von dem verhängnisvollen Schritte abzulassen. Es blieb bei seinem Beschlusse, zum großen Leide des Volkes. Luitplods Herz war aufs tiefste erschüttert ob des unnötigen Opfers. Dazu kam, daß sein Bruder, König Max II., wegen angegriffener Gesundheit gar oft an den Regierungsge-

Prinz Luitpold im Kreis seiner Familie (1860)

schäften verhindert war oder seinen Aufenthalt in dem warmen Süden nehmen mußte. Luitpold war schon jetzt ausersehen den königlichen Bruder in allen wichtigen Staatsangelegenheiten zu vertreten. Als dann König Max am 10. März 1864 von einer Erholungsreise aus dem Süden heimkam, die Augen schloß, da hatte dessen erst 18 Jahre alter Sohn Ludwig dem bei allen hohen geistigen Vorzügen und idealen Gesinnung noch die Erfahrung mangelte, einen väterlichen Berater nötig; er fand diesen in der Person seines stets das Staatswohl aufs beste vertretenden Oheim Luitpold.

Kaum war das Trauergeläute für den toten Monarchen verstummt, da riß der Tod in das Leben des Prinzen Luitpold die schwerste Lücke. Am 25. April 1864 starb nach längerer Krankheit die Prinzessin Auguste. Noch wenige Wochen vorher hatte sie ihrem Gatten zum Geburtstag an seinem Schreibtisch ihr Bild aufgehängt neben dem Portrait, das sie in ihrer bräutlichen Schönheit darstellt, und darunter die rührende Widmung: „Wenn auch im Äußeren verändert, so doch im Herzen die alte.“ Und nun erlag sie ihrem Leiden nach rührendem Abschied von Gemahl, Kindern und Umgebung.

„O wie schön, so schön habe ich es nicht gedacht,“ sprach sie lächelnd im Verscheiden. Welch ergreifendes und doch erhebendes Sterben!

Groß war der Schmerz und Jammer der Hinterbliebenen um die unvergeßliche Fürstin. Tiefgebeugt folgte Prinz Luitpold mit seinen Söhnen dem Sarge der unvergeßlichen Gattin und Mutter, die für sie im Leben der Inbegriff allen Glücks, aller Liebe und Verehrung war und die nun, erst 39 Jahre alt, für immer hinuntergebettet wurde in die stille Gruft der Theatiner, genau an dem demselben Tage, an welchem sie vor 20 Jahren als neuvermählte Prinzessin in Jugend und Schönheit von Florenz aus ihren festlichen Einzug in München gehalten hatte.

Prinz Luitpold hat seiner heißgeliebten Gemahlin das Leben hindurch das liebevollste und treueste Gedenken bewahrt. Auf allen Reisen führte er ihr Bild neben dem seiner kindlich verehrten Mutter bei sich. Er ist Wittwer geblieben, die Erziehung seiner Kinder und die Erfüllung seines staatsbürgerlichen Berufes als Lebensaufgabe betrachtend. Seit jenem Tage, da der große Würger ihm die Frau von der Seite raffte, besuchte Prinz Luitpold auch den Bodensee selten mehr. Es bedeutete für ihn jedesmal ein neues Aufwühlen.

Amsee sah wohl noch einmal junge Tage mit der Familie des Prinzen Ludwig. Heute ist es der Lieblingsaufenthalt der Prinzessin Therese. Getreu der Mahnung der Mutter, hat sie seit deren Tod dem geliebten Vater als guter, gütiger Geist gewaltet und war den Brüdern stets die teilnehmende

Schwester. Nur wenn im Sommer Prinz Luitpold zur Jagd ins Hochgebirge zog, suchte sie ihr Amsee auf. Hier lebt sie jetzt in Erinnerung an die schönen Kinderjahre, hier widmet sie sich ganz ihren Studien und Arbeiten und freut sich des innigen Verkehrs mit der allverehrten verwitweten Großherzogin Luise von Baden, die in den Sommertagen nach ihrem Lieblingsplatze kommt, nach der Insel Mainau im Bodensee. Aber Prinz Luitpold hatte nicht Zeit, sich dem Schmerze um die teure Lebensgefährtin und Mutter hinzugeben. Mehr und mehr war er durch die Macht der Verhältnisse gezwungen hinauszutreten in den Kampf der Zeit. Schwere Aufgaben harrten seiner. Es galt, die deutsche Frage zu lösen und segensreich hat in jenen Tagen Prinz Luitpold gewirkt für die deutsche Sache und für die Stellung Bayerns im Reiche.

Nun folgten 15 Jahre ungetrübten Friedens. Da war es Prinz Luitpold vergönnt, den politischen und militärischen Aufschwung des neugeeinten Reiches zu schauen. Aber es sollte ihm nicht beschieden sein, in heiterer Ruhe einem sorgenlosen Alter entgegenzusehen. Denn allmählich und mit grausamer Unerbittlichkeit erfüllte sich das Geschick, das tragische, das je einem Menschen beschieden war, dessen Wiege von allen guten Göttern gesegnet erschien: der geistige Zustand des

Königs wurde immer bedenklicher. Prinz Luitpold übernahm deshalb fast den ganzen repräsentativen Teil der königlichen Würde. Da brachte das Jahr 1886, was man befürchtete. Am 10. Juni 1886 erging durch das Gesetz- und Verordnungsblatt die denkwürdige Bekanntmachung des Prinzen: „Unser Königl. Haus und Bayerns treubewährtes Volk ist nach Gottes unerforschlichem Ratschluß von dem erschütternden Ereignis betroffen worden, daß Unser vielgeliebter Neffe, der Allerdurchlauchtigste, Großmächtigste König und Herr, Seine Majestät König Ludwig II. an einem schweren Leiden erkrankt ist, welches Allerhöchstdieselben an der Ausübung der Regierung auf längere Zeit im Sinne des Titels II § 11 der Verfassungsurkunde hindert. Da Seine Majestät der König für diesen Fall Allerhöchst weder Vorsehen getroffen haben noch dermalen treffen können und da ferner über Unsern vielgeliebten Neffen, Seine Königl. Hoheit den Prinzen Otto von Bayern, ein schon länger andauerndes Leiden verhängt ist, welches ihm die Übernahme der Regentschaft unmöglich macht, so legen uns die Bestimmungen der Verfassungsurkunde als nächstberufenem Agnaten die traurige Pflicht auf, die Reichsverwesung zu übernehmen."

Zur besseren Pflege wurde der hohe Kranke von seinem Schlosse Neuschwanstein nach Schloss Berg gebracht, aber schon nach wenigen Tagen,

am 13. Juni 1886, erfolgte das furchbare Ende eines glänzenden Königslebens in den Fluten des Starnberger Sees.
Prinz Luitpold musste das Steuerruder in seine bewährten Hände nehmen und der Fünfzigjährige hat es, weil es sein musste, in fester und sicherer Hand und staunenswertem Mannesmut geführt. Nahezu ein halbes Jahrhundert war er Mitglied der Kammer der Reichsräte, hatte mit wärmstem Interesse ihre Sitzungen besucht und gar oft bei entscheidenden Abstimmungen sein Wort in die Wagschale gelegt. Er hatte gesehen und gehört, was seinem bayerischen Volke nottat, hatte tiefen Einblick in die verfassungsmäßigen Institutionen gewonnen und sein staatsbürgerliches Wissen gefestigt. König Friedrich Wilhelm IV. von Preußen rühmt in Briefen an den Kronprinzen Maximilian wiederholt die Rechtschaffenheit und den Eifer Luitpolds in seiner parlamentarischen Tätigkeit und dessen Takt in bedenklichen Krisen. Es war eine wahre Fügung, daß in diesen schweren Zeiten ein Charakter wie der des Prinzen Luitpold, erprobt in der Tat und aufgeklärt im Rat, an die Spitze des Vaterlandes treten konnte. Am 21. und 26. Juni erkannte die Abgeordnetenkammer die Gesetzmäßigkeit der Regentschaftsübernahme an und am 28. Juni leistete der Regent den Eid. Bei diesem feierlichen Akte sprach er:

„Die alte Königstreue der Bayern hat sich glänzend bewährt nach den schweren furchtbaren Ereignissen, die mein ganzes Haus und das Königreich mit Trauer erfüllt. Am Abend meines Lebens legt mir die Vorsehung die schwerste Pflicht auf, im Namen Seiner Majestät Unseres Allergnädigsten Herrn die Zügel der Regierung zu ergreifen. Möge es mir vergönnt sein, zum Wohle des treuen Landes wirken zu können. Das ist mein sehnlichster Wunsch, das walte Gott." Dieses Gelöbnis unablässig Bayerns Wohl als Ziel all seines Handelns zu betrachten, hat der Regent zu verschiedenen Zeiten erneuert. An die Deputierten der beiden Kammern, die am 13. Juni zu ihm kamen, um ihr Beileid zu bezeigen und ihre Hoffnungen auf ihn zu bauen, richtete er die wahrhaft königlichen Worte: „Möge es Gott fügen, daß nun lichtere Augenblicke für Bayern und sein Volk kommen; darauf mit mir hinzuwirken, bitte ich die Vertreter des Volkes."

In dem Abschiede für den Landtag des Königreichs Bayern vom 1. Juli 1886 sagte er: „Wir werden, treu dem von Uns nach Antritt der Regentschaft abgelegten Eide, die Verfassung des Königreichs stets zur Richtschnur für die Uns auferlegte Verwaltung des Staates nehmen und glauben, in der engen Verbindung, in der sich Bayerns Volk auch in der gegenwärtigen Zeit härtester Prüfung in seinem angestammten Herrscherhause weiß und fühlt, eine zuversichtliche Gewähr dafür erblicken zu dürfen, daß mit Gottes Hilfe unter Unserer Regentschaft dem bayerischen Staate in dem festen Verbande mit dem Deutschen Reiche Zeiten des Glückes und des Segens beschieden sein werden."

Anlässlich der festlichen Begehung seines 70. Geburtstages betonte der hohe Herr dem Vorsitzenden des Königlichen Staatsministeriums, Staatsminister Freiherr von Crailsheim, gegenüber: „Solange nach Gottes gnädigem Ratschlusse Mein Leben währt, ist Bayerns Wohl das Ziel all Meines Handelns. Hiebei die Verfassung, das Palladium des inneren Friedens, unverbrüchlich zu wahren, ist Mir heiligste Pflicht. Dem vielgeliebten Vaterlande galten von Jugend auf und immerdar Meine heißesten Wünsche. Gott segne und schirme Bayern fort und fort."

Und als am 12. März 1901 das bayerische Volk in feierlicher Weise den 80. Geburtstag seines Regenten beging, erließ dieser folgendes Handschreiben: „Möge unser liebes Vaterland, gestützt auf das Streben gedeihlicher Fortentwicklung, auf Fleiß und Schaffenskraft der Bevölkerung, unter dem Segen dauernden Friedens einer glücklichen Zukunft entgegengehen! Möge nie das Band sich lockern, das Fürst und Volk zu inniger Liebe und Eintracht umschließt. Nach Meinen Kräften dem treuen Vaterland zu nützen, ist Mein unablässiges

Prinzregentendenkmal in Nürnberg

Streben. Dieser Aufgabe gerecht zu werden, begründet Mein inniges Glück." Und diesen Versicherungen ist der Regent stets treu geblieben, eingedenk seines Wahlspruches: „In Treue fest!"
Nachdem die Trauer um den toten König abgelaufen war, galt es, Fühlung mit dem Volke zu gewinnen und dessen Bedürfnisse und Wünsche zu erfahren. Deshalb empfing er die Vertreter der verschiedensten Stände aus allen Teilen des Landes und unternahm eine Rundreise durch das Land. Begeisternd wurde er allenthalben aufgenommen; Städte und Dörfer wetteiferten, ihm einen glänzenden Empfang zu bereiten, die Liebe und Treue zum Hause Wittelsbach zu bekunden. Jubel herrschte vor allem in der Pfalz am Rhein in der stolzen Empfindung, daß sie berufen war, die Wiege unseres glorreich regierenden Königshauses zu tragen.

In Prinz Luitpold ward Bayern ein echter Landesvater, der allen Zweigen des Staatslebens kraft seiner reichen Erfahrung segensreich wirkte. Wie haben sich unter seiner Regierung die Verkehrsverhältnisse geändert. Als der Regent noch ein Knabe war, lief die Lokomotive zwischen Nürnberg und Fürth. Heute gehen in die entlegenen Täler Eisenbahnen und Motorwagen und in seinem 88. Lebensjahre fuhr das erste Luftschiff

vom Bodensee über das Allgäu nach München und begrüßte ihn vor der Bavaria.
Freudig gewährte der Regent dem Landmann die Hilfe des Staates, so daß die Klagen weniger laut erhoben wurden. Wo früher öde Moorflächen sich ausbreiteten, mäht man jetzt Gras oder schneidet goldenes Korn. Die Viehzucht wurde gefördert, Teiche und Flüsse wurden mit Millionen künstlich gezogener Fischbrut bevölkert. Das besondere Interesse des hohen Herrn für den Bauernstand zeigt sich auch darin, daß er seit 1886 alljährlich das landwirtschaftliche Zentralfest auf der Oktoberwiese besuchte und die Verteilung der für hervorragende Leistungen ausgesetzten Preise stets selbst vornahm.
Mit redlichem Willen war der Regent ferner bestrebt, allen übrigen Schichten der Bevölkerung sein Wohlwollen zuzuwenden, dem Handwerk und der Industrie. So sind durch seine Anregung und Unterstützung die großen Ausstellungen erfolgt. Die Kunstgewerbe- und die Kraft- und Arbeitsmaschinenausstellung waren Zeugnisse des Wohlwollens des Prinzregenten.
Prinz Luitpold wußte gar wohl, daß die beste Waffe um den Kampf im Leben erfolgreich aufzunehmen, die Hebung der Bildung ist. Darum war er unablässig bemüht, die Schulen zu vervollkommnen. Reichlich flossen die Mittel. Zahlreiche Fachschulen für technische Ausbildung und zur

Hebung der Landwirtschaft erziehen heute tüchtige Leute.
So suchte gleich seinen Vorfahren Prinzregent Luitpold seinen einzigen Ruhm in dem geistigen und leiblichen Wohl seines Volkes und in dem Gedeihen des Staates. Die Worte: „Die allgemeine Wohlfahrt ist das höchste Gesetz!“, die er an seinem 80. Geburtstag auf das den Ministern gewidmete Bild schrieb, sind stets die Richtschnur für sein Wirken gewesen. Wir stimmen gerne dem Urteil G. v. Böhms bei, das dieser in unserer vaterländischen Zeitschrift „Das Bayerland“ niedergelegt hat, das mit dem Ausspruch übereinstimmt, den des Regenten Sohn, Prinz Ludwig, getan: „Ich möchte vor allem hervorheben, daß mein Vater bestrebt ist, des ganzen Volkes Wohl zu fördern; er geht von dem Grundgedanken aus: Jedem das Seine!“

Mit der tiefen Liebe zum Bayernvolke ging Hand in Hand des Regenten Anhänglichkeit zur weiteren Heimat, zu Deutschland. Schon 1849 bezeichnete er die Einigung Deutschlands als das unentwegt anzustrebende Ziel. Wie glücklich war er, als er am 20. Juli 1870 im Namen des Königs in der Kammer der Reichsräte das entscheidende Wort für den Bund mit Preußen und den Krieg gegen Frankreich gesprochen hatte und die große Zeit im Hautquartier miterlebte! Höher schlug sein

Herz, als er von der Höhe von Vadelincourt dem Drama von Sedan zusah, als der Kronprinz von Preußen ihm mit freudigem Lobe die Tapferkeit der Bayern rühmte. Er war Zeuge der welthistorischen Ereignisse in Versailles, hat hier mit den regierenden Fürsten Deutschlands dem neuen Kaiser gehuldigt und tatkräftig mitgeholfen, die deutsche Einheit zu schmieden. Getreu der Mahnung, die der Vater den Söhnen im Testament zugerufen: „Unzertrennlich!", bewährte sich Prinz Luitpold als zuverlässiger und hilfsbereiter Bundesfürst. Als wegen der Frage des Septennates die politischen Wogen außerordentlich hoch gingen, erschien er selbst in Berlin und gab den bayerischen Reichstagsabgeordneten die Weisung, daß in kritischen Zeiten die finanziellen Gesichtspunkte hinter den allgemeinen, das Wohl des Vaterlandes betreffenden zurücktreten müßten, denn bei der neuen Militärlage „handle es sich auch um das Wohl seines bayerischen Vaterlandes und Volkes, das er von ganzem Herzen liebe". In bewegten Worten hat der alte Kaiser ihm seine Freude darüber ausgedrückt: „Ihre herrlichen Worte, gesprochen zu ihren Untertanen im Reichstage, sind hoffentlich auf guten Boden gefallen."

Wie dem alten Kaiser hat Prinzregent Luitpold auch dem jungen Wilhelm II. gehuldigt. Als dieser bei seinem Regierungsantritt in feierlicher Weise den Reichstag eröffnete und die deutschen Fürsten nach Berlin eilten, um sich um den Kaiser zu scharen, da fehlte auch er nicht, galt es doch vor dem Ausland zu beweisen, wie fest bei uns alles gefügt sei. Der Kaiser hat dies wohl empfunden und bei seinem ersten Besuch in München seine Dankbarkeit in den Worten zum Ausdruck gebracht: „Euer Königliche Hoheit waren es, der in hochherziger Weise die altbewährte Freundschaft, welche Sie mit meinem verewigten Großvater verband, auf mich übertrugen. Wie damals im Jahre 1870 das bayerische Königshaus den ersten Schritt zum Neuerstehen unseres geeinigten Vaterlandes tat, so haben Eure Königliche Hoheit das Beispiel für Deutschlands Fürsten gegeben und haben als Erster mir Ihren Rat und Ihre Freundschaft in kräftigem Handschlag dargeboten." Zugleich versprach er für diese wahre Freundestat in Hohenzollerntreue mit dem Hause Wittelsbach dem braven Bayernvolke zusammenzustehen in guten und bösen Tagen. In der Tat sind die persönlichen Beziehungen zum Segen des engen und weiten Vaterlandes immer inniger geworden.

Prinzregent Luitpold hat in reichem Maße zur Vermehrung und Ausbildung der Landarmee beigetragen, wobei ihm seine militärische und kriegerische Erfahrung wohl zugute kam und seine mit Heer und Krieg vertrauten Söhne ihn tatkräftig unterstützten. Es war ein schöner Tag, als am 9. September 1891 der Regent seine Truppen dem

Kaiser auf der Fröttmaninger Heide zeigte. 40 000 Mann bestgeschulter Soldaten erregten hier die Freude und Bewunderung Wilhelms II., so daß er sich selbst an die Spitze der Bamberger Ulanen stellte und sie dem Regenten vorführte und mit den warmen Worten dankte: „Ich beglückwünsche Dich zu Deiner schönen Armee!“

Die Manöver und die Parade bei Biebelried im Kaisermanöver 1897 zeigten die bayerische Armee auf voller Höhe und bekundeten, daß Luitpolds Arbeit im Dienste des Heeres von bestem Erfolg gekrönt war.

Alljährlich hat Prinzregent Luitpold, der schon im Jahre 1893 sein fünfzigjähriges Generalsjubiläum begehen konnte, bis ins hohe Alter die große Frühjahrsparade selbst abgehalten, die für die Bevölkerung Münchens stets ein hoher Festtag war. Ein erhebendes Schauspiel war es für ihn, als er 1897 mit seinen Söhnen Ludwig und Leopold und den übrigen Prinzen des königlichen Hauses, die nicht Frontdienst taten, die Parade abnahm, selbst kommandiert vom Prinzen Arnulf, während Prinz Rupprecht als junger Leutnant den ersten Zug im Leibregiment führte.

Andrerseits hat der Regent auch unserer Flotte das wärmste Interesse entgegengebracht. So wohnte er in den Junitagen des Jahres 1895 persönlich der Eröffnung des Nordostseekanals bei und freute sich über die Tüchtigkeit der bayerischen Matro-

sen, die hinter den seeharten Söhnen der Waterkant nicht zurückblieben.
Und auch der Veteranen hat der Regent nicht vergessen. Er fühlte sich bei ihnen als Kamerad unter Kameraden, als Veteran unter Veteranen. Stets hatte er ein offenes Herz und eine offene Hand für die alten Kämpfer, die ihm bei seinen vielen Fahrten durch das Land ihre Huldigung darbrachten, bewegte sich bei einem Kellerfeste wohl als der Ehrwürdigste unter den Alten oder beging sein Jubiläum bei seinem alten Artillerieregiment mit einem „Exerzieren aus alter Zeit“, bei dem die alten Haubitzen und Raupenhelme aus dem Arsenal hervorgeholt wurden.
In froher Erinnerung an die Vergangenheit, in stolzem Bewußtsein der Gegenwart hat so Prinzregent Luitpold bis in die letzten Tage seines Lebens sich überall als festeste Stütze des Reichs bewährt, in Wahrheit als dessen zweiter Pfeiler.

Prinzregent Luitpold war innig fromm, aus tiefster Seele heraus. Er wuchs heran im Schoße einer wahrhaft christlichen Familie. Das christliche Heim setzte er fort, als er sich in jungen Jahren vermählte. Die Gebote seiner Kirche hielt er mit peinlicher Gewissenhaftigkeit. Kein Tag des Herrn, kein Gedenktag der Familie, keine Reise ohne daß er der heiligen Messe beigewohnt hätte. Tag für Tag verrichtete er sein Morgen- und

Abendgebet und in den letzten Stunden seines Lebens kam nicht anderes über seine Lippen als Worte innigen Gebetes. Wie es Pflicht des Familienoberhauptes ist, seiner Familie ein gutes Beispiel zu geben, so gilt dies in entsprechender Weise von jeder Obrigkeit. Prinz Luitpold kannte diese Pflicht und handelte auch danach. Öffentlich bekannte er Gott vor den Menschen. Auch in den entlegensten Teilen seiner Jagdgebiete gedachte er der religiösen Pflichten. So wurde alljährlich auf dem Schrattenberge eine Waldmesse gelesen. Der Altar war an einem großen, mit Moos bewachsenen Felsblock, in dessen Mitte ein in Erz gegossener Christus sich befindet, aufgestellt und zwischen einer alten Riesentanne und dem Felsblock war ein Betstuhl für den Regenten aufgeschlagen. Auf dem Felsen befindet sich seit 1901 ein von Reichsrat Ferd. von Miller modelliertes, in Erz gegossenes Reliefbild des Prinzregenten in meisterhafter Ausführung mit der Inschrift: „Das eherne Bild des edelsten Weidmannes Prinz-Regent Luitpold von Bayern sei anvertraut dem ewigen Fels in Treue und Ehrfurcht." Von der Höhe wie aus den Tälern begann dann schon vor Morgengrauen der Zuzug der Bewohner um der Waldmesse beizuwohnen. Nach dem Gottesdienst überreichte der Regent den Erschienenen Geschenke und unterhielt sich mit ihnen in freundlicher Weise. Monate vorher und nachher sprach

Waldmesse auf dem Schrattenberg im Allgäu
Gemälde von Richard Mahn

das Volk von diesem Sonntag. Weilte der Regent zur Jagd im Spessart, so fuhr er mit seinem Gefolge des Sonntags vormittags stets zur Messe.
Alsbald nach Beginn seiner Regierung ließ er über dem Hauptportal der bayerischen Königsresidenz vor Hans Krumpers schönem Standbild der Patrona Bavariae das ewige Licht wieder anzünden.
Am Aschermittwoch neigte er demütig sein Haupt um die heilige Asche zu empfangen und in der Karwoche suchte er jedes Jahr die Michaels-Hofkirche auf, ohne von irgend jemand begleitet zu sein. Einst, so erzählt ein frommer Christ, trat an einem der Kartage ein älterer Mann in die Hofkirche. Das gewaltige Lichterkreuz allein erhellte den weiten Raum. Kopf an Kopf lauschte die Menge der Leidenspredigt. Anspruchslos und bescheiden kniete er sich ohne weiteres auf die Steinstufen eines Nebenaltars. Der stille Beter war Prinz Luitpold.
Nach dem Beispiel seiner Vorfahren übte er alljährlich am Gründonnerstag die Fußwaschung, zu der die bejahrtesten Greise des Landes nach München entboten werden. Und stets schritt er, solange es seine Gesundheit erlaubte, andächtig und würdevoll hinter dem Sanktissimum bei der Fronleichnamsprozession, geleitet von den sämtlichen Prinzen des königlichen Hauses, umgeben von seinem Hofstaat und der Leibgarde.

Seit 1906 ging er nicht mehr mit der Prozession, sondern blieb beim Hochamt. Er war nämlich in Berchtesgaden mit dem Haken seines Bergschuhs im Geröll hängen geblieben und hatte sich eine schmerzhafte Schwellung des Beines zugezogen, die ihn am Stufensteigen hinderte. Deshalb fürchtete er die Treppen im Inneren der Michaelskirche, die zum Presbyterium führen; stützen lassen wollte er sich nicht.

Prinzregent Luitpold war ein treuer Sohn seiner Kirche. Das geht auch daraus hervor, daß er die griechische Königskrone, die ihm infolge der Kinderlosigkeit seines Bruders Otto winkte, ausschlug, indem er zur größten Freude seiner Mutter sich weigerte, die daran geknüpfte Bedingung des Übertritt zum griechischen Glauben zu erfüllen.

Prinzregent Luitpold ehrte aber jede religiöse Überzeugung und sucht stets die Gegensätze zu dämpfen. „Jedem das Seine“ geben zu wollen, ließ er an seinem 80. Geburtstag verkünden. Darum ehrte den frommen Katholiken auch das protestantische Oberkonsistorium als echten patronus ecclesiae. Religiöse Duldsamkeit war des Regenten Grundsatz.

Dieses Verhalten gegen Andersgläubige, das erbauende Beispiel der Andacht und Frömmigkeit gereichen unserm seligen Landesvater zu ganz besonderem Ruhme und seinem Hause und Volke zum Segen. Religiosität und Gottesfurcht sind die sichersten Bürgen für die glückliche Zukunft.

Prinzregent Luitpold war in seiner Jugend ein großer Freund aller Leibesübungen und blieb dies auch bis in sein hohes Alter. Er war ein ausgezeichneter Schwimmer, wie man am Chiemsee und in Hohenschwangau beobachten konnte. Den Winter hindurch nahm er täglich Waschungen und Frottierungen des ganzen Körpers mit eiskaltem Wasser vor und im Sommer fuhr er täglich um 6 Uhr nach Nymphenburg zum Baden. Auch wenn das Wasser nur 12 – 14 Grad hatte, stürzte sich der Regent in die Tiefe und fröstelnd folgten die Adjutanten dann seinem Beispiel.
Im Bergsteigen tat es ihm keiner gleich. Sowohl im Allgäu wie im Berchtesgadener Land galt es als feststehend, daß er den schärfsten Steiger niedergehe, und so hatte das Bergvolk einen gewaltigen Respekt vor dieser körperlichen Leistungsfähigkeit.
Durch eine solche Lebensweise erhielt sich Prinz Luitpold fast stete Gesundheit und erreichte ein so hohes Alter. Daher war es auch sein inniger Wunsch, daß die Jugend nicht nur durch geistige Arbeit erzogen, sondern auch durch rege Leibesübungen körperlich ausgebildet und gesund erhalten werde; denn „Pflege der Jugend schafft rüstiges Alter“. Am 27. Februar 1911 setzte er sich ein

ewiges Denkmal durch nachstehende Verordnung: „Mein hohes rüstiges Alter danke Ich nächst Gott vor allem der Kräftigung und Stählung Meines Körpers von Jugend auf. Es ist mein Wunsch, daß der reiche Segen, der aus der körperlichen Ausbildung erblüht, auch der Jugend Meines Landes zuteil werde. Um die in dieser Hinsicht bereits bestehenden Einrichtungen in wirksamer Weise zu unterstützen, bestimme Ich, daß an den Mittelschulen alljährlich zur Abhaltung eines Schulfestes im Sommerhalbjahr ein Tag vom Unterricht freigegeben werde, an dem der Erfolg der körperlichen Ausbildung durch öffentliche Turnvorführungen und Turnwettspiele dargetan werden soll. Zugleich stifte ich für jeden Ort, an dem sich eine oder mehrere Mittelschulen befinden, eine Medaille, die je für ein Jahr als Ehrenpreis derjenigen Anstalt oder Anstaltsklasse zufallen soll, die Siegerin in den turnerischen Vorführungen oder Wettspielen geworden ist."

Der hohe Herr übernahm auch das Protektorat über den Wehrkraftverein, der sich zur Aufgabe gestellt hat, Schüler der Fortbildungs- und Mittelschulen durch Wanderungen, Turnen, Spiele, Schwimmen und Zielgewehrschießen in ihrer körperlichen Entwicklung zu fördern, ihr Auge zu schärfen und sie an Abhärtung und Selbstzucht zu gewöhnen. Gleichzeitig stellte er 30 000 Mark aus Mitteln der Landesstiftung zur Verfügung und genehmigte, daß der Verein in dem Vereinsabzeichen sein Bildnis führe.

Wie seine Ahnen bevorzugte Prinzregent Luitpold schon von Jugend auf die Jagd als Erfrischung des Körpers und des Geistes. Als er 17 Jahre alt war, erhielt er zum ersten Mal von seinem Vater die Erlaubnis, auf die Jagd zu gehen. Freilich galt diese nur für das Leibgehege in der Umgebung von München und der junge Weidmann musste sich darauf beschränken, Rebhühner, Fasanen und Hasen zu schießen. Erst später wurde ihm von seinem Vater gestattet auf Rehböcke zu birschen und als besondere Gunst wurde endlich dem Prinzen die Ehre zuteil, im Hochgebirge einen kapitalen Hirsch erlegen zu dürfen. In den Fünfziger-Jahren erhielt Prinz Luitpold die Allgäuer Gebiete bei Oberstdorf, Hindelang und Hinterstein als Jagdrevier überwiesen. Da aber dort der Rotwildbestand sehr gering war, mußte er Hirsche aus dem Forstenrieder Park in seine Allgäuer Reviere einsetzen. Mit großer Geduld hegte und schonte er diesen sich allmählich mehrenden Bestand und erst nach 18 Jahren entschloß er sich, auf seinem Boden den ersten Hirsch zu schießen. Indessen hatte seine Selbstbeherrschung die schönsten Früchte getragen: Prinz Luitpold besaß jetzt ein prachtvolles Revier, in dem zu jagen ein seltener Genuß war.

Neben den Jagden, die Prinz Luitpold als Eigentum im obersten Illergebiet und im Tal der Ostrach besaß, standen ihm große königliche Jagdgebiete zu Gebote bei Hohenschwangau, in Vorder- und Hinterriß, im Ammer-, Loisach- und Isargebiet und endlich im Berchtesgadener Lande.
Die Jagden im Hochgebirgsleibgehege begannen gewöhnlich in den ersten Tagen des August in den Jagdgebieten Hohenschwangau, Trauchgau und Ammerwald. Mitte August erfolgte die Übersiedlung des Hoflagers nach dem Jagdhause bei Schloß Linderhof und es wurde dann bis Ende August in den Forstämtern Oberammergau und Garmisch gejagt. Darauf siedelte der Regent mit Gefolge über Oberau, Partenkirchen, wo ihm stets ein herzlicher Empfang seitens der Einwohner und der Sommergäste bereitet wurde, nach dem Jagdhaus Fischbach über, um im Forstamt Krün zu jagen. Der Aufenthalt in diesem prächtigen Gebirgstale währte nur einige Tage, worauf das Jagdgebiet nach Vorderriss verlegt wurde. Mitte September kehrte der Regent nach München zurück, jedoch gewöhnlich nur auf einen Tag, um dann nach dem Allgäu zu reisen, wo er in Oberstdorf und Hinterstein Aufenthalt nahm. Am Freitag vor dem Oktoberfest-Sonntag reiste er nach München zurück und wohnte den Veranstaltungen des Oktoberfestes auf der Theresienwiese bei. Doch schon am Tage nach dem Hauptfesttage

setzte er seine Jagden fort, diesmal im Berchtesgadener Revier. Hier verweilte er bis Ende Oktober. In der ersten Hälfte des November fanden in der Umgebung von München, im Forstenrieder Park, Wildschweinjagden statt, die stets reiche Beute brachten.
Ende November dann zog es den Regenten in den herbstlichen kahlen Spessart zur Jagd auf den wahrhaften Keiler in den mächtigen Eichenwäldern. So einfach wie bei den Hochjagden ging es auch hier zu. Ohne viel Rücksicht auf das Wetter zogen die Jäger hinaus, um Sauen zu schießen; die Hirsche überließ der Regent den Forstbeamten zum späteren Abschusse. An einem Waldfeuer, auf dem die mitgebrachten Speisen gewärmt wurden, hielt man Rast. Besonders freudige Stimmung herrschte, wenn der Leibjäger Skell seine Zither hervorholte und die sangesfreudigen Franken ihr heimatfrohes Spessartlied anstimmten, das der Regent so gerne hörte, und dem er immer und immer wieder lauschte. Um 5 Uhr wurde die Jagd beschlossen.
Wenn Prinzregent Luitpold in die Berge ging, kleidete er sich schlicht wie jeder andere Jäger. Stets trug er schwer beschlagenen Bergschuhe, wollene Wadenstrümpfe, kurze, gamslederne Hosen, die Gebirgsjoppe, die er auch bei der ärgsten Hitze nicht ablegte, und den mit dem Gemsbart gezierten Jagdhut. Wie sich der Regent zur Jagd zu

kleiden pflegte, also ist er in entsprechender Ähnlichkeit in dem Denkmal dargestellt, das die Berchtesgadener aus treuer Anhänglichkeit von Reichsrat von Miller gießen ließen, und das am 3. September 1894 unter dem begeisterten Jubel des Volkes im Luitpoldhain in Berchtesgaden enthüllt wurde: Behaglich die Zigarre in der Linken steht der hohe Herr da und schaut in die Ferne; die Hände sind übereinandergeschlagen; im rechten Arme ruht die Doppelbüchse.

Für die üblichen Formen des höfischen Jagdvergnügens hat der Regent nie etwas übrig gehabt. An mehreren Orten seiner Jagdreviere bezog er einfache, im Gebirgsstil jener Gegenden erbaute Jagdhäuser, von denen die Depelberghütte, das Jagdhäuschen Linderhof und das Schlößchen St. Bartholomä, das Herzogstandhaus und das Jagdhaus zu Hinterstein besonders erwähnenswert sind. In früheren Jahren nahm er oft in einfachen Sennhütten Quartier. Jagdtrophäen von Wert und Bildnisse seiner Jagdgäste bildeten den einzigen Schmuck der Jagdhäuser. Das Gemach, das dem Regenten als Wohn- und Schlafzimmer diente, war nur mit einem eisernen Feldbett und dem nötigsten Mobiliar eingerichtet.

Im Spessart nahm der Jagdherr Aufenthalt in dem Schlosse Luitpoldhöhe, das er sich1899 hatte erbauen lassen. Das Äußere wie das Innere des in dem eigenartigen Stile der Spessartbauten des 17.

Jahrhunderts errichteten Jagdschlosses bekunden in ihren einfachen, aber gediegenen Formen den künstlerischen Geschmack des Erbauers. Es liegt inmitten hoher Eichen- und Buchenbestände bei Rohrbrunn unweit Aschaffenburg und umfaßt 19 behaglich eingerichtete Wohnräume. In seinen jüngeren Jahren war Prinzregent Luitpold einer der tüchtigsten und kühnsten Gemsjäger, der kein Hindernis scheute. Auf einer Birsch im Jahre 1872 war es, als er im Allgäu fast einem Bergrutsch zum Opfer gefallen wäre. Dieser überraschte ihn so unerwartet, daß er sich nur mit großer Mühe hinter einen Felsen retten konnte. Der Prinz trug damals einige Hautabschürfungen davon, während einige Herren des Jagdgefolges mehr oder minder schwer verletzt wurden. Allein derartige Gefahren haben von jeher beim echten Jägersmann die Lust am Weidwerk eher gemehrt als gemindert und eifriger denn zuvor besuchte der Regent seine Jagdgründe.

Wollte der fürstliche Jäger in jungen Jahren keiner Strapaze des Weidwerks entsagen, so war dies in den letzten Jahren anders geworden. Soweit es möglich war, fuhr man im Wagen; dann wurden Bergpferde bestiegen und erst der geringe Rest wurde zu Fuß zurückgelegt. Den besten Platz zum Anstand erhielt natürlich der Regent, dem der diensttuende Leibjäger zur Seite blieb. Dieser machte seinen hohen Herrn, dem auf einem Felsstück ein bequemer Sitz zurecht gemacht war, auf das Nahen des von den Holzknechten und Jägern angetriebenen Wildes rechtzeig aufmerksam und sorgte dafür, daß kein Tier geschossen wurde. In letzter Zeit schlief der Regent auf dem Anstand häufig ein, so daß ihn der Leibjäger aufwecken mußte, wenn der Trieb kam.

Im Spessart fuhr der Regent zuletzt auf den Hauptwegen in der großen Kutsche, auf den Seitenwegen wurde er in einem einfachen Holzschlitten von einem Pony gezogen und auf den unebenen Wegen der Sicherheit wegen von drei Treibern gestützt. Die Schießstände hatte man gedielt und unter dem Bretterboden noch mit einer Strohlage versehen. Der Regent saß beim Schießen auf einem drehbaren Stuhle; zwei Leibjäger bedienten ihn.

Auf Hirsche und Gemsen schoß er nur mit der Kugel und er besaß da eine bedeutende Treffsicherheit. Noch besser schoß er mit Schrot auf Wildenten in den prächtigen Isarauen beim Aumeister und auf Fasanen in den Revieren bei Allach. Übrigens jagte er schon zu der Zeit, als noch im Steinfeuer geschossen wurde; über 75 Jahre war er ja Jäger.

Noch bis in die letzte Zeit hatte Prinzregent Luitpold das, was man in Jägerkreisen einen „guten Schuß“ nennt. Als ein junger Forstassessor es einmal wagte, dem hohen Herrn nachzuschießen,

mußte er sich eine gehörige Zurechtweisung gefallen lassen. Fehlte der Regent ein Stück, so wurde er wie jeder Jäger unmutig, doch ließ er sich durch Fehlschüsse nicht lange verdrießen, wie er auch die Laune nicht verlor, wenn er oft tagelang kein Jagdglück hatte. Hörte er jedoch nach Schluß des Jagens, daß seine Begleiter mehr vom Glück begünstigt waren, so war er gerade nicht immer der besten Laune; doch das ist so echte Jägerart.
Als Jagdherr war der Regent überaus freigiebig; den Jagdschaden ersetzte er so reichlich wie nur möglich und seine Jäger und Treiber erhielten einen Tagelohn, der den üblichen Betrag weit überstieg.
Während dieser dem Jagdvergnügen gewidmeten Tage genügte der Regent voll und ganz seiner Herrscherpflicht. An den Tagen, an welchen Kuriere mit Akten und Staatsdepeschen am Hoflager eintrafen, wurde die Jagd frühzeitig abgebrochen. Mit Eifer machte sich der edle Landesvater an die Durchsicht, Erwägung und Verbescheidung der Schriftstücke. Erst nach Erledigung aller Staatsgeschäfte begab er sich in das Speisezimmer zum Diner. Um 10 Uhr ging er zur Ruhe.
„Erst die Arbeit und dann das Vergnügen!“ das war auch hier sein Grundsatz.

Ganz besonders lag unserem Prinzregenten die Kunst am Herzen; ihr war er zeitlebens ein warmer Verehrer und Freund. Hervorragende Lehrer weckten seine Liebe zu alten Bauten, vor allem zu den Kunstschätzen des eigenen Landes. Doch den größten Einfluß auf ihn übte sein Vater selbst aus, der kunstsinnige König Ludwig II., der durch seine großartige, in der Kulturgeschichte ohne Beispiel dastehende Kunstpflege sich unsterblichen Ruhm erworben hat. Durch seine Reisen lernte Prinz Luitpold auch die Kunst fremder Länder kennen und mit den Schätzen Bayerns vergleichen. Trotz des militärischen Dienstes, dem er sich mit besonderer Hingabe widmete und der strenge Anforderungen an ihn stellte, blieb ihm die 40 Jahre, während welcher der erlauchte Bruder und dann der Neffe auf dem Throne saßen, die Zeit und Gelegenheit, die in der Jugend eingepflanzten Grundsätze und Neigungen zu verfolgen. Seit er vollends die Zügel der Regierung in Händen hatte, erwies er sich als echter Mäzen. Er trat in direkten Verkehr mit den Künstlern und besuchte die Ateliers. Kaum einen Künstler von Namen gibt es, den er nicht persönlich kannte. Gar viele junge Talente verdanken ihm weitgehende Unterstützung. Gern lud er die Künstler zum Mahl in seine Residenz oder zu den heiteren Abenden in Nymphenburg, zum Bade und den Spaziergängen im Park. Wie häufig konnte man den Wagen des Regenten an irgendeinem Hause halten sehen! Der Adjutant sprang schnell die

Stiege hinauf, um den Künstler auf den hohen Besuch vorzubereiten. Bei solchen Morgenbesuchen spielten sich oft recht heitere Szenen ab, da der Regent dem Adjutanten bald folgte. Gar oft wurde der Maler noch im schönsten Schlummer überrascht. Da hieß es dann wenigstens einigermaßen Toilette machen, schnell in ein Negligé schlüpfen, das allerdings mit einem Hofgewande verzweifelt wenig Ähnlichkeit aufzuweisen vermochte. Übrigens kehrte sich der hohe Herr nie an solche Äußerlichkeiten, sondern bot dem Künstler eine Zigarre an, die mit nüchternem Magen zu vertragen, nicht jedermanns Sache war. Wenn so die Gemütlichkeit hergestellt war, besichtigte der Regent die Arbeiten, fragte und übte Kritik, die jedoch für den Künstler eine freundliche, gütige Anerkennung war. Nie bevorzugte er eine bestimmte Richtung, doch zeigte er entsprechend seiner Neigung eine Vorliebe für die Landschaftsmalerei. Nach einer kleinen halben Stunde war der Besuch zu Ende. Der Regent verabschiedete sich mit freundlichen Worten und einem herzhaften Händedruck.

Seine Atelierbesuche haben vor allem den Zweck gehabt, die Werke der Künstler in ihrem Entstehen zu beobachten, um hier in der Werkstätte der Kunst schon das herauszufinden, was seinem Geschmacke am meisten entsprach. Viele Bilder wurden auf diese Weise schon auf der Staffelei käuf-

Wimbachjagdschloss bei Berchtesgaden

lich erworben und seit den Jahren, da der Regent die Residenz bewohnte, haben sich viele große Wohnräume mit den neuesten Kunstwerken gefüllt; denn für die Kunst gab der Regent jedes Jahr etwa 20 000 Mark aus.

In feinfühligem Verständnis für das Wesen der Kunst griff er auch nicht in den Streit ein, aus dem im Laufe seiner Regierung eine Erneuerung der Malerei und des Kunstgewerbes hervorging. Allen Parteien erhielt er seine und des Staates Gunst, wodurch er unberechenbaren Nutzen stiftete und München seinen Ruf als Kunststadt ersten Ranges erhalten half.

Nach dem Antritt der Regierung ließ er eine Vorlage zur Unterstützung der Kunstausstellungen einbringen. Ein neuer, frischer Zug kam jetzt in die Münchner Kunst. Davon gaben die beiden Ausstellungen des Jahres 1888, die deutsche Kunstgewerbeausstellung 1908 und die große internationale Kunstausstellung beredtes Zeugnis, zu deren fleißigsten Besuchern Prinzregent Luitpold gehörte. Im Jahre 1909 hat der Regent als Beweis seiner besonderen Gunst die Akademie der bildenden Künste zur Hochschule erhoben und in den ersten Jahren seiner Regentschaft hat er zu dem Bau des Münchner Künstlerhauses, zu dem er den Grundstein gelegt, die Summe von 15.000 Mark gestiftet.

Für das königliche Theater und die Hofmusik wendete er während einer Reihe von Jahren durchschnittlich pro Jahr 600.000 Mark auf und setzte dadurch diese Kunstinstitute instand Musterdarstellungen zu bieten.

Aber auch bedeutende Kunstschöpfungen monumentalen Charakters, mit denen insbesondere die Residenzstadt geziert ist, verdanken ihm ihre Entstehung. Wer München durchwandert, stößt allenthalben auf neue Denkmäler. Erinnert sei nur an den gewaltigen Wittelsbacher Brunnen, an den einfachen, poesievollen Hubertusbrunnen vor den Nationalmuseum, an den Fortunabrunnen in der Tiefe des Isarblockes, an die Statuen Liebigs und Pettenkofers, an die neuen Brücken, welche die beiden Isarufer verbinden. Als Zeugen frommen Sinnes bereichern die Stadt im Südosten die Paulskirche, im Norden die Ursulakirche, in Schwabing die Erlöserkirche und an der Isar die Lukaskirche. Im Norden der Stadt ist das neue städtische Krankenhaus und im Herzen der Stadt auf dem Marienplatz das Rathaus vollendet. Dazu kommen zahlreiche Schulen in allen Stadtteilen.

Zum Gedächtnis jenes großen Krieges hat der Regent seine Residenzstadt mit zwei Denkmälern geschmückt; dem Armeedenkmal in der Feldherrenhalle und der Friedenssäule, welche die von ihm geschaffene und nach ihm benannte Brücke und Terrasse krönt. In der Fortsetzung der Prinz-

regentenstraße entstand auf den rechten Isarhöhen das Prinzregenten-Theater, in dem alljährlich ein illustres Publikum den Münchner Wagnerfestspielen lauscht. Zu dem neuen Nationalmuseum, dem Schatzhaus des bayerischen Volkes, hat Prinzregent Luitpold selbst den Grundstein gelegt, seine wundervollen Räume hat er selbst eingeweiht. Der neue Justizpalast, das Verkehrsministerium, die Zubauten zur Universität und Technischen Hochschule, das Deutsche Museum, eine Bildungsstätte für den einfachen Arbeiter wie den Gelehrten, das Armeemuseum sind Zeugen der schöpferischen Tätigkeit des Regenten.
Aber auch manch andere Stadt verdankt unserem hochseligen Prinzregenten einen neuen Schmuck, eine kostbare Gabe in einem öffentlichen Gebäude, einer mit seiner Unterstützung erbaute oder erneuerte Kirche. Für die Pfalz erstand in Speyer das Museum für Gewerbefleiß und Kunst, an dessen Front der Name Luitpold in die Hausteinquadern eingehauen ist. In Würzburg, das alljährlich zu Neujahr dem Regenten in prächtigem Gebinde 100 Goldgulden sandte, wurde zum Gedächtnisse neben der Luitpoldbrücke das Luitpolddenkmal im Schatten des Ringparkes gegenüber dem Kiliansbrunnen errichtet. Es wurde im Jahre 1903 enthüllt und trägt die Inschrift: „Dem edelsten Sohne der Stadt Würzburg zum 80. Geburtstag in Liebe und Treue gewidmet 1901.“ Bürgerlichem

Edelsinn verdankt die alte Reichsstadt Nürnberg das Prinzregentendenkmal vor dem Hauptbahnhof. In Doppellebensgröße erhebt sich das Reiterstandbild des Gefeierten, ein Werk Rümanns. Erstaunlich ist's, wie in dem bräunlich, harten Metalle die Gesichtszüge mit solcher Deutlichkeit sich ausprägen, wie die Generalsuniform, der wallende Federhut, die ganze Ausrüstung des Regenten bis in die kleinste Einzelheit so scharf hervortritt. Leutselig, gütigen Blicks sieht er drein, sein Roß fest am Zügel haltend, die rechte Hand an die Hüfte gelehnt.
Eine Reihe anderer größerer und kleinerer Städte, so Bamberg, Lindau, Kulmbach, sind dem Beispiele Nürnbergs gefolgt und wohl kaum sind einem Fürsten zu Lebzeiten so viele Standbilder errichtet worden als dem herzlich geliebte Prinzregenten Luitpold von Bayern, der in den 26 Jahren seiner Regierung so schön die Traditionen der Wittelsbacher gewahrt hat.

Reges Interesse zeigte der Regent für das öffentliche Leben. Sämtliche größeren Geschäftsbetriebe Münchens konnten sich seines Besuches erfreuen. Wie unendlich viele Veranstaltungen von Vereinen, Feste, Ausstellungen hat er besucht und sich stundenlang alles erklären lassen, um die Sache zu ehren!

Selbst ein hervorragender Reiter brachte er auch dem Rennsport und der Pferdezucht großes Interesse entgegen. Er stiftete jedes Jahr wertvolle Ehrenpreise für die Rennen in Riem und andere Rennplätze sowie namhafte Geldpreise für Zuchtprüfungen des bayerischen Vollbluts. Bei den Riemer Rennen war er häufig zu Gast und wohnte dem Verlaufe der Rennen stets auf der Zielrichtertribüne bei.

Mit besonderer Freude hat es ihn erfüllt, dass er Zeuge werden konnte von den gewaltigen Errungenschaften unseres Jahrhunderts auf dem Gebiete der Luftschiffahrt. Hat er doch noch in den Dezembertagen des Jahres 1910 sich auf dem Flugfelde der bayerischen Fliegerschule durch den Aviatiker Wiencziers und den Leutnant Wildt den Bleriot-Apparat vorführen lassen und sich an den glücklichen Leistungen der beiden erfreut.

Als der tapfere und durch kein Schicksal gebeugte Graf Zeppelin mit seinem Luftschiff die Fahrt nach der bayerischen Hochebene antrat und nach vielen Mühen endlich auf dem Oberwiesenfelde bei der Hauptstadt, die er in stolzem Fluge umkreiste, zu landen vermochte, da hat ihn unser Regent auf wahrhaft königliche Weise geehrt. Alles war tief ergriffen, als er den Grafen Zeppelin im Wagen an der Seite des Regenten erblickte.

Die erste Reise machte Prinz Luitpold in der Diligence, einer Art Eilwagen, und im Landauer, Ei-

Prinzregent Luitpold auf der Rennbahn in Riem

senbahnen gab es da noch nicht. Erst in späten Jahren konnte sich der Regent dazu entschließen, dem Automobil, dem modernsten aller Beförderungsmittel, Geschmack abzugewinnen. Er benutzte das Auto vorzugsweise auf den Jagden, auf denen namentlich im Spessart, große Entfernungen zurückgelegt werden mußten.

Mit seiner Begeisterung für Jagd und Natur wußte Prinzregent Luitpold die Forderungen des modernen Verkehrs geschickt zu vereinigen. Er duldete es zwar nicht, daß das landschaftliche Bild des einzig schönen Königssees durch den Qualm der Dampfschiffe entstellt werde, aber gegen die Einführung der elektrischen Motorboote hatte er schließlich nichts einzuwenden. Er gestattete auch, daß die Jagdhäuser am Königssee Telephonverbindungen erhielten, stellte jedoch die Bedingung, daß die Drahtleitungen nicht zu sehen sein dürften.

Seine geliebten Gamsreviere hat er auch den Freunden des Wintersports nicht vorenthalten. Auf seine Weisungen wurden bestimmte Richtungen mit Fähnchen ausgesteckt und für die Skiläufer freigegeben. Es blieb jedoch streng verboten diese Grenzen zu überschreiten und das Wild zu stören. So verstand es der Regent, die Gegensätze durch seinen gerechten Sinn auszugleichen.

Bekanntlich wollte der Regent keine moderne Beleuchtung; in seinen Zimmern brannte deshalb kein elektrischen und kein Gaslicht, aber auch kein Petroleum. Wenn er arbeitete, hatte er auf seinem Schreibtisch fünf einzelne Kerzen stehen. Mit dieser Beleuchtungsart war er eben von Jugend an vertraut, wo in den Straßen von München bei Einbruch der Dunkelheit kein anderes Licht brannte als die Talglichtlaterne. Wie oft mag er sich jener Zeit erinnert haben, wenn er abends von Nymphenburg durch die festlich beleuchtete Briennerstraße nach der Residenz fuhr! Seitdem ihm zum 90. Geburtstag die General- und Flügeladjutanten Girandolen mit je zwei Kerzen (von Soldatenfiguren gehalten) zum Geschenk gemacht hatten, benützte er diese als Beleuchtung am Schreibtische. Doch in seinem Schlafzimmer stand ein kleiner elektrischer Apparat, den ihm Reichsrat v. Miller zum Geschenk gemacht hatte. Der Grund war der: Der Regent erwachte in den letzten Jahren öfters nachts und suchte dann stets nach den Zündhölzern auf dem Nachttisch. Einen Diener wollte er nicht rufen und so fielen in der Dunkelheit oft die Zündhölzer zu Boden. Um nun dem Regenten hierin eine Erleichterung zu bieten, ließ der erwähnte Herr eine Eule fertigen, die eine Glühbirne im Schnabel hält. Das Ganze ruhte auf einem Sockel, der einen Druckknopf hat.

Ein andermal schenkte dem Regenten der gleiche Herr einen Stock; der Regent war nämlich im Herbst im Spessart auf dem abschüssigen und etwas lettigen Boden ausgelitten, da er keinen Stock hatte. Anfangs war der Regent über das Geschenk nicht sehr erfreut und benutzte den Stock in der Stadt überhaupt nie. Als er ihm dann im Gebirg auf der Jagd einmal gereicht wurde, nahm er ihn; bald lernte er die feste Stütze zu schätzen, und seit der Zeit hat ihm Herr v. Miller noch mehrere Stöcke zum Geschenk gemacht.

Gleich seinem Vater war Prinzregent Luitpold von Pflichtreue und Arbeitsamkeit beseelt; Lust und Liebe zur Arbeit sind ihm bis ins hohe Alter geblieben. Alle wichtigen Schritte der Regierung pflegte er aufs genaueste zu prüfen; keinem stimmte er zu, über dessen Zweckmäßigkeit er sich nicht persönlich Überzeugung verschafft hatte. Bei dem großen Pflichtgefühl durfte die Regierungstätigkeit auch unter dem Jagdvergnügen nicht im mindesten leiden.

Obwohl der streng konstitutionelle Regent den Pflichten seiner Stellung und auch dem unvermeidlich damit verbundenen Prunk voll und ganz gerecht zu werden wußte, war für gewöhnlich sein Leben einfach und schlicht. Man sah ihn außer bei der Tafel und bei Empfängen stets im bürgerlichen Kleide. Im persönlichen Verkehr war er äußerst liebenswürdig. Der Regent liebte es, beinahe täglich hervorragende Männer der Kunst und der Wissenschaft bei sich zu Tische zu sehen und zwar nicht zu genußreichen Gastmählern, sondern im einfachsten, nur wenige Personen umfassenden Familienkreise. Alle, die dieser hohen Ehre gewürdigt wurden, rühmten die Gemütlichkeit des Plauderstündchens, das nach Aufhebung der Tafel beim Kaffee zu folgen pflegte und an dem für gewöhnlich auch die hochgebildete Tochter des Regenten, Prinzessin Therese und seine Schwester, die Herzogin von Modena, sowie Prinzessin Klara teilnahmen. Wer den erlauchten Herrn sah, wie er beim Gang durch die Stadt oder auf der Spazierfahrt nach allen Seiten die ehrerbietigen Grüße der Begegnenden freundlich erwiderte, wie er bald da, bald dort jemanden ansprach oder am Schaufenster Musterung hielt, ahnte in ihm nicht den Träger der Landesregierung.

Edel, hilfreich und gut! Diese Devise ist allzeit sein Leitstern gewesen. Sobald in der Residenzstadt oder in irgendeinem Dorfe das Unglück eine Familie hart traf, sei es durch Brand oder Wassernot, durch einen Unfall oder eine schwere Krankheit, so war der Regent der Erste, der zur Linderung der Not beitrug. Erhielt er die Kunde durch die Zeitung, so strich er die Stelle selbst an und fügte die Ziffer bei, welche er als Gnadengeschenk bestimmte; der Leibjäger wußte, daß er diese Blätter sofort dem langjährigen Hofsekretär, dem geheimen Rat von Klug, zu überbringen hatte, und schon bald nach der Trauerkunde empfingen die Witwe oder Bedürftigen das Gnadengeschenk. Als z.B. im Jahre 1899 München von jener fürchterlichen Hochwasserkatastrophe heimgesucht worden war, kehrte der Regent unverzüglich aus den bayerischen Alpen in seine schwergeprüfte Hauptstadt zurück, besichtigte persönlich die großen Verheerungen des wilden Elementes und stellte augenblicklich 50 000 Mark zum Zweck sofortiger Hilfeleistung zur Verfügung. Unerschöpflich überhaupt war die Wohltätigkeit des Landesvaters sowohl gegen die Armen der Stadt im allgemeinen wie für einzelne Bedürftige. Alljährlich bedachte er zu Weinachten den Armenpflegschaftsrat von München mit einer Gabe von 1800 Mark und in den strengen Wintermonaten stellte er dem Magistrat Tausende behufs Beschaffung von Heizmaterialien für die Armen zur Verfügung. Von seiner ausgebreiteten Wohltätigkeit wissen auch die Kinder seiner Jagdreviere zu erzählen; denn viele Hunderte sind es, die er mit namhaften Einlagen in Sparkassenbücher bedacht hat.

Ein äußerst reger Gerechtigkeitssinn bestimmt den Regenten, Steuern und Abgaben gleich jedem andern Staatsbürger zu zahlen; nur mit der Zigarrensteuer machte er eine Ausnahme, weil man ihm gesagt hatte, daß er als Regent gleich den Gesandten diese nicht zu bezahlen brauchte.

Im Kreise seiner Enkel und Urenkel lebte der Regent wieder auf. Mit besonders inniger Liebe hing er an seinen Söhnen und seiner Tochter Therese,

einer der edelsten Gestalten unter den deutschen Fürstinnen, der Königin am bayerischen Hofe.
Seine Schwester Adelgunde, der verwitweten Herzogin von Modena, war er von ganzem Herzen zugetan, zog sie an seinen Hof und kehrte alljährlich bei ihr in den Sommermonaten auf Schloß Wildenwarth bei Prien ein, wo er sich mit ihr in Erinnerung an die goldene Jugendzeit der schönen reizvollen Natur erfreute.
Doch noch einmal wurde der edle Vater von bitterem Weh getroffen. Prinz Arnulf erlag auf der Rückkehr von einer Orientreise in Venedig einer heimtückischen Krankheit. Es war für die Umgebung ein ergreifender Augenblick, als dem greisen Vater die Tränen in die Augen traten und der Brust sich das Wort entrang: „Es ist furchtbar!“ Und wie erschütterte ihn die Trauerkunde, daß allzufrüh und fern der Heimat Marie Gabriele, Gemahlin des Prinzen Rupprecht, seines Enkels, unerwartet rasch aus dem Leben geschieden sei. Die Erinnerung an die von ihm und dem ganzen Bayernvolke innigst geliebte Prinzessin hält eine reiche Wohltätigkeitsstiftung wach.
Gegen eines aber hatte der Regent eine starke Abneigung, nämlich Kranke zu besuchen oder mit Personen zu verkehren, von denen er wußte, daß sie vor nicht langer Zeit krank gewesen waren; er war der Ansicht, daß Krankheitskeime auf Gesunde übertragen werden könnten. Diesen Zug

charakterisierte auch folgender Vorfall. Der Frotteur des Regenten wurde plötzlich krank. Man suchte dies nun zu verheimlichen, doch der Regent erfuhr davon. Als nach einiger Zeit der Frotteur sich wieder zum Dienst melden wollte, ließ ihm der Regent die Nachricht zukommen, daß er seiner Dienste nicht mehr bedürfe.
Abergläubisch war Prinzregent Luitpold nie. Er liebte es, am 13. oder an einem Freitag zu reisen. Nur in den letzten Lebensjahren wurde er oft beunruhigt. So hatte er immer das Gefühl, er würde einen liebgewonnenen Ort nicht mehr wiedersehen. Als er z.B. 1910 Berchtesgaden verließ, ging er nochmals in sein Zimmer zurück und nahm dort Abschied. Im Spessart sagte er zu seiner Umgebung: „Im nächsten Jahre werde ich doch nicht mehr kommen."
Genußsucht und Hang zur Üppigkeit kannte der Regent nicht. Geld brauchte er für sich äußerst wenig; neben der Kunst kosteten ihm größere Summen nur die Jagd, die ihn aber auch bis in sein hohes Alter gesund erhielt, denn in den Bergen fühlte er sich am wohlsten. Wenn er dann in die Residenz mußte, war er oft recht mißmutig und man konnte beobachten, wie seine Frische und Elastizität in der Stadt schnell nachließ.
Ehrungen die seiner Person galten, liebte er nicht. „Ich bin von der Vorsehung auf diesen Platz gestellt, um Ordnung zu schaffen und werde dann

wieder in der Versenkung verschwinden." Soweit es an ihm lag, ist er seinem Worte auch in diesem Punkte treu geblieben. Prinzregent Luitpold hat aber mehr getan, als Ordnung geschaffen. Er hat in dieser Zeit der Gegensätze, des Schwindens aller Autorität, des Egoismus ein leuchtendes Beispiel reinster, edelster Pflichterfüllung, Selbstverleugnung und Opferwilligkeit für alle Zeiten geschaffen.

Länger als ein Vierteljahrhundert hat der hohe Herr „gerecht und fromm und mild" die Regentschaft geführt. Frisch und freudig hat er, Volk und Zeit verstehend, die Aufgabe erfüllt, die ihm das Geschick gestellt hat. Daß das bayerische Volk dies in vollem Maße anerkannt hat, ging aus den Ehrungen hervor, welche im ganzen Lande zur Feier seines 90. Geburtstages veranstaltet worden sind, deren Herzlichkeit das beste Zeugnis dafür war, wie sehr der Regent in das Herz des Volkes hineingewachsen war.

Nun hat er das Zeitliche gesegnet.

Als über Bayerns schöner Hauptstadt der späte Wintermorgen des 12. Dezember 1912 sich lichtete, da hallten über das Häusermeer die feierlich ernsten Stimmen der Kirchenglocken, alle übertönend der mächtige Klang der „Salve Regina" vom hohen Dome zu „Unserer lieben Frau". Die Flagge mit dem königlichen Wappen auf den Zinnen der Residenz sank auf Halbmast und tiefe Trauer lastete auf den Menschen, die mit tränenfeuchtem Blick emporsahen zu dem mächtigen Bau, hinauf zu den Fenstern, an denen so oft bei festlichen Anlässen ein ehrwürdig-milde lächelndes Greisenantlitz sich mit gütigen Lächeln gezeigt hatte. Prinzregent Luitpold ist heimgegangen zu seinen Vätern; er hat sein langes, reiches und gesegnetes Leben abgeschlossen.

Charakterzüge und Anekdoten von Prinzregent Luitpold.

Wie Prinzregent Luitpold von Bayern das Eiserne Kreuz erwarb.

Am 3. September des Jahres 1870 hat König Wilhelm von Preußen dem Prinzen Luitpold von Bayern das Eiserne Kreuz verliehen und zwar nicht aus Gründen der höfischen Form, sondern zum Dank für wirkliche Verdienste auf dem Schlachtfelde. In den Kämpfen um Gravelotte und vor Sedan hatte Prinz Luitpold die größte Standhaftigkeit bewiesen, und vor allem hat er sich einmal durch sein unerschrockenes Eintreten zum Schutze des Königs selbst hervorgetan. Der Prinz begleitete die deutsche Armee auf ihrem Siegeszuge durch Frankreich als Feldzeugmeister und Generalinspekteur der bayerischen Truppen. Am 1. August war der Prinz von München nach Mainz abgereist und hatte sich dort als Vertreter seines Monarchen dem großen Hauptquartier angeschlossen. Sein persönliches Verhältnis zum König Wilhelm gestaltete sich bald besonders herzlich und in den Tagen, da sich vor Metz das Schicksal Frankreichs entschied, fand Luitpold Gelegenheit, dem obersten Kriegsherrn seine besondere Ergebenheit zu beweisen. Am 18. August wohnte der König und seine ganze Begleitung

Die Jagdgesellschaft des Prinzregenten in Hohenschwangau

dem entscheidenden Angriffe des zweiten Korps auf den Höhen von Point-de-Jour bei. Die Franzosen setzten, als sie das Vorgehen der deutschen Kolonnen bemerkten, zu einem entschlossenen Gegenstoß ein und ein Hagel von Geschossen überschüttete die preußischen Batterien. Die Geschosse wurden immer zahlreicher und kamen immer näher, so daß schließlich der Standpunkt des Königs selbst arg gefährdet wurde. Aber der Monarch ließ sich erst durch die eindringlichsten Bitten dazu bewegen, den allzu gefährlichen Ort zu verlassen. Unter dem Kugelhagel stieg man nun zu Pferde. Da setzte sich Prinz Luitpold als erster dicht an die Seite des Königs, um ihn mit seinem eigenen Leibe gegen die feindlichen Geschosse zu decken. Diesem hochherzigen Beispiele folgten sofort die übrigen Fürstlichkeiten und bildeten einen lebendigen Schutzwall um den greisen Herrscher, bis der Bereich der Gefahr vorüber war. Als man in Raconville ankam, sprach der König Wilhelm dem Prinzen Luitpold seinen besonderen Dank für die bewiesene Hingabe aus und erklärte, daß er diese Kundgebung der Treue nie vergessen werde. Die Verleihung des Eisernen Kreuzes an den Prinzen Luitpold war der deutliche Ausdruck der Dankbarkeit, die König Wilhelm für den mutigen Bayerprinzen hegte.

Aus dem Kriege 1870/71

Folgende Erzählung aus dem Feldzug 1870/71 beweist, welch liebevolles Herz der verstorbene Prinzregent für seine Untertanen hatte. Als er die verwundeten bayerischen Offiziere, die im Schloß von Versailles untergebracht waren, besuchte, da meldete der Lazarettinspektor mit lauter Stimme an: „Seine Königliche Hoheit der Prinz Luitpold von Bayern.“ Aber sogleich hörten die Offiziere, wie ihm im Vorsaal abgewehrt wurde: „Pst, pst! Ich will das nicht haben; es könnte einer der Herren gestört werden. Ich möchte nicht derangieren!“ Und als der Prinz dann eintrat und die Offiziere sich erhoben, eilte er schnell auf sie zu: „Bitte meine Herren, sitzen bleiben, nur sitzen bleiben, bitte! Ich komme nur, um Sie zu begrüßen und zu sehen, wie es ihnen geht!“

Der Freiheitskämpfer

Auf seiner Reise durch Bayern unmittelbar nach Antritt der Regentschaft im Jahre 1886 zeigte der Prinzregent in Bamberg bei der Parade ein besonderes Interesse für die Kriegervereine. Einen alten, eisgrauen Veteranen fragte er, wo er seine Ehrenzeichen verdient habe. „1813 gegen die Franzosen,“ erwiderte der Alte und ließ, von Erregung und Schwäche übermannt, den Hut fallen. Sofort bückte sich der Regent, hob den Hut auf und gab ihn mit freundlichen Worten dem Alten wieder in die Hand.

Der Regent schützt einen Soldaten vor Strafe.

Es war Ende der achtziger Jahre, als der Regent einmal in Zivil an der Türkenkaserne vorbeiging auf dem gegenüberliegenden Gehsteig. Aus der Kaserne trat der spätere Kriegsminister, der damalige Oberst Frh. von Asch. Er grüßte den Regenten, der ihm freundlich dankte. Als er ihm nun nachsah, erblickte er einen Soldaten seines Regiments, der gegen den Regenten herkam und an ihm vorbeiging ohne Front zu machen, da er ihn offenbar nicht kannte; denn da der Regent fast immer das bürgerliche Kleid trug, so geschah es mehr als einmal, daß er verkannt wurde. Der Oberst machte hinter dem Rücken des Prinzregenten die verzweifelsten Zeichen, um den Soldaten auf die Unterlassungssünde aufmerksam zu machen. Der Soldat aber, ein biederer Oberbayer, verstand die Bewegung falsch, ging auf den Regenten zu und sagte zu ihm: „Herr Nachbar, gengens net so schnell und wartens a bissel, der Herr Oberst möcht‘ mit Ihnen sprechen.“ Der Regent drehte sich um, erkannte sogleich das Mißverständnis und ging dann lächelnd weiter. Als er in die Residenz zurückgekehrt war, ließ er sogleich Oberst von Asch bitten, den Soldaten wegen seines Irrtums nicht zu strafen.

Der Regent und der Einjährige

Es war im Sommer 1895 in welchem Jahre zum erstenmal größere österreichische Truppendurchzüge durch Berchtesgaden erfolgten und so den Marsch von Tirol ins Salzburgische um ein gut Stück abzukürzen. Ich stand damals als Einjähriger bei einem in Südtirol garnisonierenden Kaiserjäger-Regiment. Wir waren schon über drei Wochen unterwegs und sollten an den Kaisermanövern in Südböhmen teilnehmen. Trotz aller Strapazen war's mir bis nun recht gut gegangen. Seit wir aber in Lofer genächtigt, fühlte ich mich nicht rech wohl und mußte dann auch richtig ein Stück außerhalb Berchtesgadens als marschunfähig hinter der Kolonne zurückbleiben. Ein Jäger wurde bei mir belassen. Mit dessen Hilfe sollte ich trachten, langsam nach Schellenberg, der Nächtigungsstation, zu kommen. Getrachtet haben wir beide, aber es ging eben nur sehr langsam vorwärts und wir machte uns schon darauf gefaßt, nicht vor Einbruch der Nacht das Quartier zu erreichen, als uns ein gelber Jagdwagen überholte, in dem zwei Herren in einfachen grauen Lodenjoppen, arg verschlissene Jägerhütl auf den Köpfen, saßen. Als der ältere der beiden meiner Jammerfigur ansichtig wurde, wie ich so mit geöffneter Bluse und ohne Gepäck daherwackelte, ließ er halten, hieß uns den Wagen besteigen, und fort ging's in flottem Tempo gegen Schellenberg. In der Nähe des Ortes wurden wir abgesetzt. Ich brachte dem freundlichen alten Herrn unseren Dank geziemend zum Ausdruck. „Sie haben nichts zu danken, junger Mann. Ein Jäger hilft dem anderen. So soll es sein." – Ein leichtes Lüften des Hutes und fort fuhr das Wägelchen.

Im nächsten Straßenwirtshause wurden wir belehrt, daß der leutselige Herr mit dem weißen Barte Se. Kgl. Hoheit Prinzregent Luitpold von Bayern war.

Die Prinzenfahrt

Nach einer wahren Begebenheit.

In Berchtesgaden sitzt beim Wirt
Ein junger Fischerknecht.
Die schmucke Tracht, der frohe Sinn,
Die kleiden ihn nicht schlecht.
Und heute ist er doppelt froh,
Denn seinen Landesherrn
Darf rudern er zum erstenmol,
Wie tut er's doch so gern!
„Punkt 11 Uhr bist beim Landungplatz,"
Herr Moderegger (der Schiffermeister) sprach,

„Und kommst du nicht zur rechten Zeit,
Dann schaust umsonst uns nach!“
Halb zehn ist’s erst; ein Glaserl Bier,
Das gönnt der Knecht sich noch
Und läßt dabei den Landesherrn
Recht herzlich leben hoch.
Und wie er trinkt und wie er schwatzt
Voll Freud‘ und Seligkeit,
Da merkt er gar nicht, wie geschwind
Verrinnt die flüchtige Zeit. –
„Halb elf Uhr, o Herr Jemine,
Jetzt kumm i wirkli z’spät
Und lauf i mir die Lung auch aus,
S’ist‘s dennerst ernstli g’fehlt.“
Doch was ein echter Schiffsknecht is,
Der gibt den Mut nicht auf,
Und schnell entschlossen lenket er
Zur Residenz den Lauf.
Dort sind die Wägen angespannt,
Die Herren steh’n im Chor,
Und wie der Prinzregent erscheint,
Drängt sich der Schiffsknecht vor,
Fällt auf die Knie, doch sagt er fest:
„I dürftet dich heut‘ fahr’n;
Vor lauter Glück und Seligkeit
Hält mi die Zeit für’n Narr’n.
Und bin i nöt zur rechten Zeit
Am Landungsplatze dort,
Jogt mi der g’strenge Schiffmeister,

Der Moderegger fort.
Drum bitt‘ i, loß beim Jaga hint
Mi gnädi‘ sitzen auf;
I dank dir’s g’wiß mein Lebtog all,
Do host mei Hand darauf.
Und gütig wie zu jeder Zeit
Der Fürst die Bitt‘ gewährt;
Der Schiffsknecht wie ein zweiter Prinz
Stolz mit dem Prinzen fährt.

Gar manches Jahr ist seither verflossen, doch der fromme Wunsch des Schiffknechtes, Gott möge den Landesherren in Kraft und frischer Rüstigkeit erhalten, bis er die Hundert voll, hat sich nicht erfüllt. Hans, der Schiffsknecht, hat sich später nicht wenig eingebildet, daß ihn der Prinzregent in der Hofequipage mitnahm. „Ös Leut‘, habt’s rein gar nix vom Leben derfahren – i aber bin scho in der Hofkutsche g’hockt und a Hofkutscher hat mi fohren derfen,“ so pflegt er noch heute manchmal Bekannten über den Mund zu fahren.

Der Dachdeckergeselle im Gebirge.

Vor mehreren Jahren wanderte zur Herbstzeit ein Handwerksbursche im Gebirge. Auf dem Wege kam ihm ein herrschaftlicher Wagen mit zwei älteren Insassen entgegen. Als der Wagen vorüber wollte, trat höflich grüßend der Bursche an den

Schlag heran und sagte: „Entschuldigen die Herren, Sie können da vorne nicht weiterfahren, die Brücke ist abgebrochen!“ - „Dann müssen wir eben wieder umkehren,“ sagte der ältere der Insassen, ein Herr mit weißem Barte, befahl nichtsdestoweniger aber die Weiterfahrt. Aber bald hatte er sich von der Wahrheit der Worte des Fremdlings überzeugt; der Wagen wendete und holte den Wanderer wieder ein. Der Herr fragte ihn jetzt, wohin die Reise gehe. „Nach Tirol, Herr. Ich hoffe, über den Winter dort Arbeit zu finden als Dachdecker.“ - „So, so! Steigen Sie auf.“ Überrascht gehorchte der Fremde, stieg auf und ließ selbstverständlich seine Pfeife, aus der er bisher wenig duftige Ringel in die Luft geblasen hatte, schleunigst in der Rocktasche verschwinden. Auf die Aufforderung des weißbärtigen Herren, nur weiter zu rauchen, weigerte er sich; sein Tabak sei billig und stinke ganz vorschriftswidrig. Darauf entnahm der Herr seinem Etui eine Zigarre und bot sie dem Fahrgast an. Dann fragte er weiter nach dem Woher und den Zukunftsplänen des Reisenden, dessen urwüchsige Antworten manches herzliche Lachen weckten, und ehe man sich versah, war man am Ziel der Fahrt angelangt. Der Handwerksbursche dankte höflich für die Fahrgelegenheit und wollte weiterwandern. Da reichte ihm der Herr ein Goldstück: „Nehmen Sie und gehen sie in die Wirtschaft dort, essen und trinken

Sie auf meine Kosten, so viel Sie wollen!“ Des Burschen Überraschung stieg immer höher. Und als er vor dem gutgedeckten Tische saß, trat ein hellblau Uniformierter zu ihm in die Stube mit der Frage, ob er der Fremde sei, der mit den Herrschaften gefahren sei. – „Ja!“ – „Dann lassen’s Sie sich weiterhin gut schmecken, mein Herr bezahlt alles!“ Nun packte den Glückspilz aber die Neugier. Er erzählte dem Wirt die Begegnung und wollte wissen, wer der Herr mit dem weißen Bart wohl gewesen sei. Der Wirt lächelte stolz und entgegnete: „Ham’s Eahnen guat ang’schaut? Dös wor der Prinzregent von Bayern.“

Prinzregent Luitpold und der Ofenheizer.

Im königlichen Schloß zu Berchtesgaden befand sich während der Anwesenheit des Prinzregenten unter dem Dienstpersonal auch ein Ofenheizer, der die Zimmer in richtiger Temperatur zu erhalten hatte. Eines Morgens hatte der 17jährige Bursche es etwas verschlafen, was von dem diensthabenden Leibjäger gerügt wurde. Seine Kgl. Hoheit vernahm von dem Wortwechsel, ließ den Knaben zu sich berufen und fragte nach der Ursache der Verspätung. Dieser war von Schrecken ganz gebrochen und weinte, worauf Se. K. Hoheit die Frage an ihn richtete, ob er nicht wüßte, wann die Zeit seiner Tätigkeit beginne und ob er selber nicht geweckt werde. Letzterer verneinte dieses und sagte, er wisse nicht, ob er zu früh oder zu spät komme. „Gut,“ meine Se. K. Hoheit, „wenn du nicht weißt, an welcher Tageszeit man ist, so will ich dir eine Uhr zum Geschenke machen.“ Nach Verlauf einer Viertelstunde übergab der Prinzregent dem Burschen eigenhändig eine silberne Remontoiruhr.

Prinzregent Luitpold und sein Hoflakai.

Einmal ließ einer der Hoflakaien ein Fensterrouleau dem Regente auf den Kopf fallen; dieser war keineswegs erzürnt, sondern sagte zu dem erschrockenen Diener: „Sei froh, daß es mich nicht erschlagen hat!“

Der Regent und sein Leibdiener

Wie pflichteifrig der Regent war und wie genau er stets seine Lebensgewohnheiten gehalten hat, zeigt folgende Anekdote: Im Frühling 1911 hatte es sein Leibdiener unterlassen, ihn, wie befohlen, um 6 Uhr früh zu wecken. Als nun der Regent um 7 Uhr erwachte, machte er dem Diener heftige Vorwürfe, dabei betonend, daß er gewohnt sei, um 6 Uhr aufzustehen. Der Diener entschuldigte sich, daß sein hoher Gebieter eine unruhige Nacht gehabt habe und zweimal habe das Bett verlassen müssen; und gerade um 6 Uhr habe er königliche Hoheit in tiefem Schlafe gefunden, weshalb er es unterlassen habe ihn zu wecken. Der Regent ließ jedoch diese Entscheidung nicht gelten, sondern wiederholte seine Vorwürfe, bis er schließlich sagte: „Wenn du noch einmal übersiehst, mich um 6 Uhr zu wecken, dann kaufe ich mir einfach einen Wecker." Der kleineVorfall zeigt, wie streng der 91jährige Fürst darauf sah, daß die gewohnte Tageseinteilung ohne Rücksicht auf das Alter gewahrt bleibe, und mit welchem Pflichteifer er den gewiß nicht leichten Aufgaben seines Herrscherberufes nachkam.

Ein wahrhaft fürstlicher Charakterzug des verstorbenen Prinzregenten.

Schon im Jahre 1866 lernte Prinz Luitpold den damaligen Brigade-Adjutanten Hauptmann Freyschlag von Freyenstein kennen, den er dann im Mai 1868 zu seinem zweiten Adjutanten erwählte. Einige Monate nach dieser Ernennung – es war auf einem Spazierritt im Englischen Garten – kam es zwischen dem hohen Herrn und seinem neuen Adjutanten in einem sehr ernsten und wichtigen Gespräch zu Meinungsverschiedenheiten. Hauptmann von Freyschlag beharrte auf seiner Angabe und vertrat sie sehr energisch. Der Prinz brach unmutig das Gespräch ab und richtete auf dem weiteren Ritt kein Wort mehr an seinen Begleiter. Nach Hause gekommen, berichtete Hauptmann von Freyschlag die für ihn so peinliche Auseinandersetzung sofort seinem Kameraden Baron Limböck. „Nun darfst du gleich einen Bogen nehmen," meinte dieser, und Se. Kgl. Hoheit um deinen Abschied bitten;" selbst Freyschlag war der sicheren Überzeugung, es werde ihm nichts anderes übrigbleiben. Aber als er sich einige Stunden nach dem Ritte wieder im Palais Luitpold zum Tafeldienst einfand, kam der Prinz sofort auf ihn zu, reichte ihm die Hand und sagte: „ Ich war heute morgen etwas erzürnt, aber ich sehe, Sie haben recht; bleiben Sie immer ebenso wahr mir gegenüber und wir werden die besten Freunde bleiben." Es hat sich verwirklicht. Baron Freyschlag von Freyenstein, der spätere Chef der Geheimkanzlei des Prinzregenten wurde, blieb 23 Jahre lang der treuste und intimste Freund seines Herrn.

Güte und Leutseligkeit des Regenten.

Dr. Lieske-Leipzig erzählt als Augenzeuge von dem verschiedenen Landesvater: In Partenkirchen war's vor etwa zwanzig Jahren. Drückende Julihitze glühte hernieder. Voll wohliger Trägheit lag ich im Fenster meines Zimmers im Hotel zur Post und blinzelte schlaff und gedankenlos auf die unter der sengenden Sonnenglut schmachtende Stra-

Prinz Luitpold als Oberst mit seinem Regiment im Feuer

ße. Da schreckte plötzlich der helle Klang der Kirchenglocken die schläfrigen Gedanken empor und fuhr dröhnend in die sommerliche Mittagsstille. Was vermochte inmitten des Werktages die ehernen Zungen zu lösen? Kündeten sie eine Freudenbotschaft, galt es traurige Mär weit in die Lande erschallen zu lassen? Der flinkfüßige Ober konnte mir, dem Fremdling, das Rätsel bald lösen. Der zu Zeiten meiner Geschichte etwa im achtzigsten Jahre stehende Prinzregent sollte auf seiner Rückkehr vom Gebirge Einzug halten: seinem Besuche galt der Glockengruß. Nun gab's für mich, einen Verehrer des herrlichen Bayernlandes und seines huldvollen Herrschers, kein Halten mehr. Ich erfuhr, daß der hohe Herr in der nahen Oberförsterei abzusteigen pflegte. Also los! Vor dem Tore des einfachen idyllischen Hauses harrte schon eine Menge Leute, zumeist Einheimische, die ihren Landesherren sehen wollten. Es dauerte auch nicht lange, und Pferdegetrappel ließ sich hören. Freudige Erregung und Hurrarufe! Die Gamsfeder am Jägerhut, sprang der Regent elastisch, nackten Knies und mit einfachem Lodengewand angetan, aus dem Wagen, jede Hilfe ablehnend. Darauf ereignete sich eine Szene, die ich nicht vergessen werde und die in mir bei Erwähnung des Prinzregenten jedesmal ein Gefühl tiefster Rührung aufsteigen läßt, nicht zuletzt jetzt, da der alte Herr, der leidenschaftlich die Jagd in seinen herrlichen bayerischen Bergen liebte, in die ewigen Gefilde eingezogen ist. Als der Regent in das dichtumstandene Gartentor eintreten will, drängt sich eine Frau mit einem Kinde auf dem Arm an den hohen Herrn. Ein Gendarm faßt sie unsanft am Arm und will sie zurückziehen. Doch der Regent, dem der Vorgang nicht entgehen konnte, erhob Einspruch: „Ja, was denn, lassen's die Frau gehen, was wird sie Schlimmes vorhaben!" Der Frau wird Platz gemacht und sie erzählt nun dem sie mit freundlichem Blicke aufmunternden Regenten, daß das Kind auf ihrem Arm der siebente Junge sei und daß sie doch recht schön und recht von Herzen bitten möchte, bei ihm Patenstelle zu vertreten, zumal der Vater Holzhacker sei und es deshalb manchmal schwer falle, die vielen Mäuler zu stopfen. Kaum aber hatte sie ihren stockenden Vortrag beendet, da nahm der Regent unter dem Aufjauchzen der Umstehenden den Buben auf den Arm, streichelte die Backen des lustig in die Welt guckenden Kindes und sicherte der glücklichen, die Hand ihres Wohltäters küssenden Mutter die Erfüllung ihrer Bitte zu, „auch wenn's ein Mädel anstatt des sauberen Buben g'wesen wär".

Der Regent – ein Freund der Kinder

Prinzregent Luitpold war ein begeisterter Freund der Kinder. Bei seinen häufigen Atelierbesuchen sah er einst in einem Hofraum an der Theresienstraße einen kranken Knaben sitzen, trat sofort heran und fragte leutselig nach seinem Leiden. Am nächsten Tag erhielt der Vater des kranken Kindes 50 Mark aus der Privatschatulle des Regenten zur Beschaffung stärkender Weine und Arzneien. Auch verlangte der Regent Bericht über den ferneren Verlauf, um allenfalls ihm weitere Unterstützung angedeihen zu lassen.
Ein etwa achtjähriger Knabe paßte eine Zeitlang in der Briennerstraße täglich den Augenblick ab, in dem der Regent im Wagen vorbeifuhr, um sich nach Nymphenburg zu begeben. Erschien der Wagen, dann stellte sich der Bub mit ernstem Gesicht an den Straßenrand und senkte ein weißblaues Fähnlein zum Gruße. Auf einmal hält der Wagen, der Leibjäger springt vom Bock, öffnet den Schlag und heraus beugt sich der gütige alte Herr, um dem verdutzten Buben eine Tüte mit Süßigkeiten zu überreichen.
Bei einer Spazierfahrt in Berchtesgaden sah der Regent vor einem Hause ein zehnjähriges krankes Mädchen sitzen. Er stieg aus, beschenkte das an hochgradiger Skrofulose leidende Kind mit Scho-

kolade und ordnete die ärztliche Behandlung auf seine Kosten an.
Als der Regent einst in den Allgäuer Alpen am Koblat unter der Daumenspitze mit seinem Gefolge der Gemsenjagd oblag, stellte sich nachmittags ein so dichter, feuchtkalter Nebel ein, daß die Jagd abgebrochen werden mußte. Während sich der Regent mit einem Jagdgaste von seinem Standort entfernte, stieß er auf den sechsjährigen Sohn seines Försters, der in leichtestem Anzug seinem Vater nachgelaufen war, ihn aber verfehlt hatte und nun vor Kälte völlig erstarrt war. Nun fand sich keine Hütte und kein Feuer in der Nähe, an dem man den vor Frost zitternden Knaben hätte erwärmen können. Kurz entschlossen brachten der Regent und sein Jagdgast den Förstersohn hinter eine gegen den rauhen Wind schützende Bergwand. Dort legten sie sich nieder, nahmen der Erstarrten in ihre Mitte und brachte ihn, von ihren Wettermänteln bedeckt, durch ihre eigene Körperwärme zu neuem Leben. Auf solche Weise wurde der Knabe vor schwerer Erkrankung und dem drohenden Tode bewahrt. Der Kleine, welcher an dem liebevollen Herzen seines Landesvaters zu neuem Leben erwacht, studierte später und ward ein tüchtiger Beamter.

Der Osterhase

Eine Dame erzählte aus ihrer Kindheit: „Als meine Schwester und ich kleine Mädchen waren, kam es oft vor, daß wir verlangend vor einer Konditorei standen und sehnsüchtig die in den Auslagen ausgebreitete Süßigkeiten beschauten. Da war es um Ostern – ich weiß es noch wie heute und doch sind es schon zwanzig Jahre – als wir wieder einmal andächtig in die Auslagen einer Konditorei am Karlsplatz in München schauten und mit schon blankgeleckten Zeigefingerchen – wahrscheinlich zum größten Vergnügen der Verkäuferin drinnen – an die Glasscheiben tippten, die uns von den wunderschönen Mandel- und Schokoladenhasen trennten. „Der gehört mir," rief ich entzückt, während meine Schwester nach der anderen Richtung deutete. Plötzlich wurden unsere Finger an die Glasscheibe geheftet durch andere, kräftigere, zu denen wir, uns erschrocken umsehend, zwei bärtige, gütig blickende Männergesichter fanden. Es war der Kinderfreund Prinzregent Luitpold mit seinem Adjutanten Grafen Wolfskeel, der uns Entzückten, Staunenden nun wirklich zwei der schönsten Mandelosterhasen kaufte."

Wos glabst!

Eines Tages fuhr der Regent, wie gewöhnlich durch den „Englischen Garten"; es war Herbst und schon ziemlich kühl. Da sah er am Wege muntere Knaben Wettlauf spielen. Unter ihnen fiel ihm ein etwa dreijähriger Knirps auf, der weit hinter den anderen zurückgeblieben war. Er ging noch barfuß und trug weder Jacke noch Kopfbedeckung; Nase, Hände und Füße waren schon ganz blau. Der Regent ließ halten, stieg aus, hielt den Jungen an und fragte ihn, ob es ihn denn nicht friere. – „O, wos glabst!" entgegnete der kecke Wicht, griff nach der Tafel Schokolade, die ihm der Regent vorhielt, und eilte schleunigst davon.

Als dies die anderen Jungen wahrnahmen, sprangen sie sofort herbei um auch ihren Teil zu erhalten. Und sie gingen nicht leer aus.

Prinzregent Luitpold und der Absolvent.

Auf seiner Rundreise durch das Land kam Prinzregent Luitpold auch in eine Stadt, der noch nie die Ehre geworden war, den Landesvater in ihren Mauern begrüßen zu dürfen. Umso größer war die Freude. Die Gebäude trugen Festesschmuck, Fahnen flatterten lustig im Winde und mächtige Tri-

umphbogen trugen sinnreiche Sprüche. Am Bahnhof hatten sich die Spitzen der Behörden und die Vertreter der Stadt eingefunden, um den geliebten Regenten würdig zu empfangen. Bald ertönten laute Hochrufe; der Hofzug fuhr ein. Nicht lange währte es, so erschien Prinzregent Luitpold vor dem Bahnhof, freudig begrüßt von dem Jauchzen der vielköpfigen Menge.
Sichtlich gerührt dankte der Regent nach allen Seiten. Da trat ein junger Mann auf ihn zu; es war ein Schüler der Oberklasse des Gymnasiums. Ihm ward die ehrenvolle Aufgabe zuteil, dem Regenten den Willkommensgruß zu entbieten, was ihm auch vortrefflich gelang. Der hohe Herr war über diese Kundgabe treuer vaterländischer Gesinnung hocherfreut und richtete freundliche Worte an den Sprecher. Zuletzt fragte er ihn, was er denn zu werden gedenke. Stolz klang es aus dem Munde des Gefragten: „Absolvent!“

Des Regenten Wohltätigkeit.

Die große Volkstümlichkeit des verstorbenen Prinzregenten gründete sich vor allem auf seine bis zu seinem Lebensende betriebene praktische Nächstenliebe. Er wurde ständig von den Bezirksämtern über die vorhandene oder eintretende Not in den Gemeinden auf dem Laufenden gehalten, und obschon seine Zivilliste verhältnismäßig klein war, half er überall mit Geldunterstützungen. Wo eine bedürftige Familie ihres Ernährers beraubt wurde, lief eine namhafte Geldspende des Regenten ein. Diese großherzige Mildtätigkeit ist oft in Liedern besungen worden. Eines der ansprechendsten lautet:

D' Vergelt's Gott.

Da Vater g'storb'n und d' Mutter krank,
Fünf Kinder, bett'larm;
De oazi Kuha im Stall dahi',
A Not, daß's Gott derbarm'!

Da sucht s' da Burgermoaster hoam,
Legt auf'n Tisch viel Geld;
„Dös schickt enk unser Prinzregent,
Schauts wieder in die Welt!"

„Vergelt's Gott, gelt's Gott, tausendmal,
Du liaber Prinzregent!
O, liaber Hergott, seg'n eahm's du,
Vergelt's Gott ohne End'!"

Wia viel'n der guate Prinzregent
Bringt Hilf, woaß Gott alloa';
Drum lebt er aa' so lang und g'sund –
D' „Vergelt's Gott" müass'n 's toa!

Ein Todesurteil.

Ungefähr zehn Jahre mag es her sein, da kehrte eines Abends unser nun in Gott ruhender Regent von der Jagd in sein Schlößchen zu Linderhof zurück, in heiterster Stimmung ob des seltenen Jagdglückes, dessen er sich an diesem Tage erfreut hatte. Nach Erledigung der eingelaufenen Regierungsgeschäfte ging man zum Abendtisch, doch der Regent redete fast kein Wort und zog sich bald in sein Zimmer zurück. Die Jagdgäste merkten, daß eine unangenehme Sache ihm seine gute Laune benommen hatte, und so war es auch. Eine Bittschrift war eingelaufen, die der Landesherr schweren Herzens abweisen mußte, ein Gesuch um Begnadigung eines Verbrechers, der wegen eines ganz unermesslichen Mordes zum Tode verurteilt wurde. Trotzdem der Bittende Familienvater war, konnte dem Gesuche nicht entsprochen werden; ganz ernste und gewichtige Gründe rieten von einer Begnadigung ab. Nach langer und reiflicher Überlegung unterschrieb der Regent das Todesurteil, sicherlich nur sehr ungern; das verrät die schlaflose Nacht, welche dieser Regierungshandlung folgte. Der Kurier nahm das Schriftstück sofort nach München mit, zugleich aber auch aus der Privatkasse des Landesherrn eine Geldunterstützung für die Familie des Verbrechers.

Einige Tage später erhielt der Diener abends den Auftrag, das Frühstück am nächsten Morgen nicht eher zu bringen, als bis es bestellt werde. Auffallend lang wurde er nicht gerufen, so daß er sich bewogen fühlte durch das Schlüsselloch in das Zimmer des Regenten zu schauen. Was sah er da? Auf dem bloßen Boden kniete der Achtzigjährige und betete unter Tränen hinauf zum Kreuzbild an der Wand, öfters die Hände emporhebend zum Gekreuzigten, und eine ganze Stunde betete er so. Was mochte das bedeuten? Was mochte den Beter so sehr bewegen? Das treue Herz des Landesvaters hatte nicht übersehen, daß zu eben der Stunde ein unglückliches Kind seines Reiches in München zum Tode geführt wurde, um für ein schweres Vergehen durch Hingabe seines Lebens Gott und die Menschen zu versöhnen.

Der Prinzregent und der Bettler.

Wenn der Regent durch die Straßen ging, geschah es oft, daß ihn viele nicht erkannten, da er gewöhnlich einfach gekleidet war. Einst bat ihn ein Bettler um ein Almosen. Der Regent reichte ihm ein größeres Geldgeschenk und sagte dann voll köstlichen Humors: „Nun aber lauf, daß dich kein Gendarm erblickt!“

Des Jagdgehilfen Wunsch geht in Erfüllung.

Im Dienst des Regenten stand ein Jagdgehilfe, dessen Besoldung durch Ausgaben für seine Kinder so sehr in Anspruch genommen wurde, daß für seine eigenen Bedürfnisse nur wenig übrig blieb. Sein Anzug war deshalb durch starke Abnützung sehr abgetragen und sein sehnlichster Wunsch war es, doch auch einmal in so sauberem und hübschem Jagdkostüm wie die übrigen Jäger vor seinem Landesherrn erscheinen zu können. Er freute sich deshalb ungemein auf den nächsten Zahltag, an welchem ihm nach seiner Berechnung so viel übrig bleiben sollte, daß er sich eine stramme Lederhose und eine neue Joppe anschaffen könnte. Doch als er seinen Gehalt ausgezahlt erhalten hatte, da traten unerwartet wiederum unaufschiebbar neue Ausgaben für seine jüngste Tochter ein, so daß er abermals auf die Erfüllung seines langgehegten Lieblingswunsches verzichten mußte. Kaum hatte der Regent durch einen Jagdgast von dieser Angelegenheit vernommen, als er in seiner Herzensgüte beschloß, den sehnlichsten Wunsch des Jägers zu erfüllen. Nach kurzer Zeit prangte der Jagdgehilfe in einem neuen schmucken Anzuge, mit dem der hohe Herr ihn überrascht hatte.

Der erste Kavalier.

Prinzregent Luitpold wurde so populär wie keiner seiner Vorgänger; er war in der Tat der geliebteste Fürst, den Bayern je besessen hat. Wenn er Orden verlieh, so tat er es mit dem aufrichtigen Bedürfnis, anderen eine Freude zu bereiten. Dieselbe Freude genoß er, wenn er der ihn am Wege grüßenden Jugend mit Süßigkeiten dankte. Die Jugend ihrerseits suchte sich dem hohen Herrn erkenntlich zu zeigen.

In Hohenschwangau, wo er im See seine Bäder nahm oder im Kahn spazieren fuhr, bauten die Schwimmer kühne Pyramiden für ihn auf und eine unternehmende junge Nixe schwamm ihm einmal mit einem Blumenstrauß entgegen und überreichte ihn über den Bootsrand hinweg.

Den Damen gegenüber war der Regent stets ein Kavalier. Traf er auf Spazierfahrten eine Dame, die er kannte, so ließ er meist halten, um sie zu begrüßen. Begegnete ihm auf den Birschgängen ein hübsches, junges Gesicht, so nickte er gar freundlich.

Als in der Residenz ein Lift eingebaut wurde, meinte der Achtzigjährige beiläufig; „Das wird meiner Schwester, der Herzogin von Modena, sehr willkommen sein.“

Bühnenerinnerungen.

Lili Dreßler erzählt in Ihren Bühnenerinnerungen eine kleine Episode, in der auch der allerseits geliebte hochselige Prinzregent Luitpold eine liebenswürdige Rolle spielte.

Es war bei Gelegenheit einer Audienz, die mir zur Abstattung meines Dankes für die mir allergnädigst verliehene Medaille für Kunst und Wissenschaft gewährt wurde, daß der hohe Herr auf den Besuch der Oper zu sprechen kam und ich mir schüchtern den Wunsch erlaubte, unser verehrter Landesherr möge doch öfters zu uns ins Theater kommen, auch in Wagner-Opern, die doch den Ruhm des Münchner Hoftheaters bildeten. Wir alle würden uns durch sein Erscheinen hochbeglückt und geehrt fühlen und unser bestes Wollen und Können einsetzen, das Interesse unseres allergnädigsten Gönners auf kurze Zeit zu fesseln.

Der Regent lächelte gütigst ob meines Eifers und bemerkte nur, „der Wagner wäre für sein Alter etwas lang und raube ihm infolgedessen einen Teil seiner nötigen Abendruhe.“ Etwas kleinlaut stieg ich einige Minuten später die Stufen der Residenz herunter.

Wer beschreibt aber meine freudige Überraschung, als an demselben Abend plötzlich unser allerhöchster Herr in der Königsloge erschien, um

sich einen Teil der Götterdämmerung anzuhören, in welcher ich als „erste Rheintochter“ beschäftigt war.
Meine Freude aber wuchs zu unbändigen Stolze, als der damalige Generaladjutant – Baron B. – auf die Bühne kam und mich lachend fragte, „ob es so recht sei“; der allergnädigste Herr habe sich meines Wunsches erinnert und mit liebenswürdigem Humor geäußert, er müsse heute unbedingt in die Götterdämmerung gehen.
Noch nie habe ich wohl: „Frau Sonne sendet lichte Strahlen“ so schmetternd gesungen wie an diesem Abend!

Wie Prinzregent Luitpold von Bergmann ehrte.

Ein Oberförster im Spessart namens Mantel wurde auf der Jagd aus Versehen von einem Jäger angeschossen; die Kugel hatte die Hauptschlagader und die Nerven der Achselhöhle durchschlagen. Universitätsprofessor Dr. v. Bergmann wurde aus Würzburg zu dem Schwerverletzten gerufen. Bei Nacht und Nebel brachte er ihn in einer Stunde höchster Gefahr und unter den schwierigsten Verhältnissen aus einer Mühle bei Bischbrunn, wo der Förster darniederlag, im Wagen ins Julius-Spital nach Würzburg, entriß ihn durch eine sofort

unternommene Operation und lange sorgfältige Behandlung dem beinahe sicheren Tode und gab ihn völlig geheilt seinem Berufe wieder. Die Freunde und Fachgenossen Mantels erachteten es als Ehrenpflicht, dem Herrn Professor Bergmann, der seine Anerkennung in uneigennütziger Weise nur in dem glücklichen Erfolge der übernommenen Kur finden wollte, für seine edle Aufopferung zu danken. Zu diesem Behufe begaben sich drei Königliche Forstbeamte in seine Wohnung, um ihm den wohlverdienten Dank auszusprechen und als Andenken einen mit Emblemen der Jagd und Forstwirtschaft gezierten silbernen Tafelaufsatz zu überreichen. Bergmann schätzte dieses Denkmal der Dankbarkeit sehr hoch und sah darauf, daß es bei festlichem Anlaß einen Ehrenplatz fand. Es ist zu einem Familienkleinod geworden, das sich stets auf den ältesten Sohn vererben soll.
Der Fall Mantel wurde in ganz Bayern bekannt. Mantel selbst lebte noch viele Jahre – er starb als Forstrat kurz vor dem Regenten – frisch und munter und war wohl einer der dankbarsten Patienten aus Bergmanns Würzburger Zeit. Auch Prinzregent Luitpold erfuhr von dem fast einzig dastehenden Triumph der Wissenschaft und freute sich umso mehr, als er Mantel ganz besonders in sein Herz geschlossen hatte. Sooft er Bergmann traf, lenkte er ganz zuerst das Gespräch auf diesen glänzenden Erfolg seiner Kunst.

Prinzregent Luitpold hilft einer Künstlerin aus der Verlegenheit.

Eine bemerkenswerte Teilnahme für ein Künstlergeschick hat der Prinzregent der Malerin Hermine von Preuschen gegenüber bewiesen. Wie bekannt, wurde das Bild „Mors Imperator“ aus ähnlichen Bedenken wie seinerzeit in Berlin von der Münchner Internationalen Kunstausstellung abgelehnt. Da das Seitenstück „Regina vitae“ von der Künstlerin nicht vom „Herrscher Tod“ getrennt wird, so wäre ihr Name auf der Internationalen Ausstellung nicht vertreten gewesen. Da hat der Prinzregent aus eigenstem Antrieb ein großes, in seinem Besitze befindliches Gemälde der Künstlerin, das vor einigen Jahren im Pariser Salon ausgestellt war, kurz vor der Eröffnung der Ausstellung eingesandt und somit der Künstlerin eine sehr überraschende Genugtuung gegeben.

Bescheidenheit des Prinzregenten Luitpold.

Zu der seltenen Einfachheit des Regenten gesellte sich die geradezu staunenswerte Bescheidenheit.
Als ihm die Erinnerungsmarken an sein 25jähriges Regierungsjubiläum vorgelegt wurden, lehnte er die von Akademiedirektor Fr. von Kaulbach im Kranze eingesetzte Königskrone über seinem

Bildnisse ab und ließ sie durch ein Band ersetzen; so wurden die Marken auch gedruckt.
Der Regent hat es auch abgelehnt, bei Hofzeremonien auf dem Throne Platz zu nehmen, obwohl ihm hiezu seine Stellung als Reichsverweser sowie sein hohes Alter gewiß ein Anrecht gegeben hätte. Er erwidert stets, daß er nicht gekrönt sei.
Prinzregent Luitpold hat sogar während seiner Regentschaft mehrmals sich geweigert, die Verfassung zu ändern, obwohl ihm eine solche Änderung, die auch im Lande gewünscht wurde, mit dem Namen eines Königs auch die Gelegenheit verschafft hätte, manchen Herzenswunsch und Lieblingsplan mit größeren Mitteln durchzuführen.
In den letzten Jahren ist das Volk in seiner Verehrung wiederholt an den Regenten mit dem Wunsche herangetreten, in der Haupt- und Residenzstadt sein Standbild errichten zu dürfen zum Dank dafür, daß er in schwerer Zeit ein wahrhafter Vater des Vaterlandes geworden sei. Er hat es abgelehnt, bescheiden, wie er immer war, dort sein eigenes Bild in Stein und Erz zu sehen, wo er immer lebe.

Der Prinzregent im hohen Alter

Prinzregent Luitpold ein Vater seiner Diener.

Zahlreich sind die Beweise der unerschöpflichen Herzensgüte und Leutseligkeit des erlauchten Prinzregenten gegen seine Dienerschaft. Einst bedrohte ihn auf der Jagd eine mächtige Lawine. Schon wollte er der Gefahr ausweichen, als ihm einfiel, daß einer seiner Treiber an einer Stelle sich befand, wo ihn die Schneemassen unfehlbar begraben mussten. Ohne auf sein Leben zu achten, eilte er dorthin, um ihn zu retten und wunderbarerweise blieben Herr und Diener von der Lawine verschont.

Das gute Gedächtnis.

In seiner ungewöhnlichen Pflichttreue unterstützte den hohen Herrn ein ausgezeichnetes Gedächtnis, das ihm die Ereignisse nicht nur der Jugend sondern auch die seiner Altersjahre gegenwärtig erhielt. Einer seiner besten Freunde erzählte einmal ein Beispiel: „Auf einer Spazierfahrt vor wenigen Jahren war's. Wir fuhren durch die Ramsau und ich wies auf einen verschneiten Hang in der Höhe: „Da droben hab‘ ich einmal vor Jahren zwoa Gams g'schoss'n!“ „Naa,“ meinte der alte Herr, „es war nur einer; der andere war a Geis und die haben S‘ nur angeschossen, die hab‘ dann ich abschießen müssen!“

Der Regent wollte nicht alt sein.

Bei der großen Rüstigkeit, deren sich der Regent bis in seine letzten Lebenstage hinein erfreute, ist es erklärlich, daß er sich nie für alt hielt und es deshalb auch nicht gern las, wenn die Zeitungen von der bei seinem hohen Alter seltenen Rüstigkeit sprachen. „Er sei doch noch kein Greis," pflegte er dann zu sagen; und als einmal eine Zeitung schrieb, er sei der Patriarch der Fürsten, war er sehr darüber aufgebracht. Als ihm einmal seine Schwester, die Herzogin von Modena, mitteilte, daß Generalintendant Erz. Baron Perfall schwer erkrankt sei, und daß die Ärzte bei seinem hohen Alter wenig Aussicht auf Genesung gäben, da fragte er, wie alt Perfall sei. „82 Jahre," lautete die Antwort, worauf der Regent meinte, der sei doch noch nicht alt. Eine ähnliche Äußerung tat er, als im November 1909 der Generalkapitän der Leibgarde der Hatschiere, Graf Verri della Bosia, fast 86 Jahre alt, starb. Der Regent unterhielt mit ihm schon seit vielen Jahren freundschaftliche Beziehungen, war doch Graf Verri im Jahre 1856 sein Adjutant und weiters im Feldzuge 1866 ihm stets zur Seite. Als Prinzessin Therese den Tod Ihrem Vater mitteilte, war der Regent zuerst sehr niedergeschlagen, denn er hatte Graf Verri sehr geschätzt. Als er sich später von seinem Schmerze erholt hatte, sagte er in selbstzufriedenem Tone zu seiner Tochter: „Habe ich nicht immer gesagt, daß mein lieber Verri nicht alt wird."

Warum Prinzregent Luitpold so alt wurde.

Anläßlich des Todes des unvergesslichen Landesvaters, des Prinzregenten Luitpold, gedachte ein Lehrer des hohen Verblichenen und stellte dann an seine Schüler die Frage, warum der Regent ein so hohes Alter erreicht habe, worauf er die Antwort erhielt: „Weil er nichts hat arbeiten brauchen." In einer anderen Klasse antwortete ein kleiner Schlaumeier auf die gleich Frage: „Weil er so gut gepflegt wurde."

Der Regent wählte sinnige Geschenke aus.

Für Weihnachten sorgte der Regent fast schon das ganze Jahr. Wenn er ausfuhr und die Läden besuchte, dann kaufte er sogleich die Gegenstände, die ihm gefielen, auch wenn er augenblicklich nicht wußte für wen und wofür. Alle diese Sachen sammelte er in den Staatsratszimmern, wo er sie oft besichtigte und ergänzte. Die Weihnachtseinkäufe für seine Familie besorgte er stets selbst, ebenso die für seinen Hofstab. Dabei legte er einem Geschenke immer einen besonderen Sinn bei, zuweilen einen sehr humorvollen; so schenke er dem Oberstallmeister Grafen Wolfskeel einen prächtigen Hund im Modell, dem verstorbenen Generaladjutanten Freiherr von Branca, als dieser krank war und nicht mehr gehen konnte, einen schönen Spazierstock, auf daß er wieder marschieren könnte. Der verstorbene Generaladjutant Graf Lerchenfeld hatte bisweilen Differenzen mit anderen Herren des Hofes, wovon der Regent oftmals erfuhr. Er schenke ihm deshalb zwei raufende Burschen aus Holz, die er in Berchtesgaden während seines Herbstaufenthaltes gesehen hatte, und weiteres einen Hering aus Porzellan zur Besänftigung.

Sehr schön war seine Gepflogenheit, seinen Enkelinnen jährlich zu ihrem Namenstag eine Perle zu schenken, so daß sie, großjährig geworden, eine prächtige Perlenkette hatten.

Von den Fasanenjagden schickte er dem Stiftspropst v. Türk immer einen oder zwei Fasanen, je nach dem Ergebnis der Jagd. Türk bedanke sich bei dem hohen Spender und betonte, der Regent sei noch ein treuer Anhänger der alten Sitten, denn er gebe den Geistlichen stets den Zehnten.

Der Regent – ein Freund der Tiere und Blumen.

Prinzregent Luitpold liebte alle Tiere, aber besonders die Hunde. Selten ging er auf der Jagd an einem fremden Hunde vorbei, ohne ihn zu liebkosen. Dabei kam es oft zu großen Eifersuchtsanfällen bei seinem Liebling, einem rassereinen Dackel. Vor „Bürschl“ war ein Schweißhund der stete Begleiter des Regenten; in früheren Jahren sah man ihn oft mit einem hübschen weißen Pudel.

„Bürschl“ war übrigens ein würdiger Vertreter seiner Rasse und führte echte Dackelstreiche aus. Einmal, so wird erzählt, sprang er zu seinem Herrn auf den Stuhl hinauf und machte sich dort zu schaffen. Als man dann nachsah, fehlten am Rocke alle Knöpfe. Ein andermal mußte der treue Benedikt, der frühere Leibjäger, an dem Überzieher, von dem der Regent sich nicht gerne trennte, den Rand einnähen, weil Bürschel ein gutes Stück ausgefranst. Mit den kostbaren Teppichen und Vorhängen in den Gemächern des Regenten ist er auch sehr wenig vorsichtig umgegangen, und einmal verbiß er sogar den Federhalter seines Herrn.

Auch die Tauben hatte der Regent sehr gern, Als einmal eine Taube in einer Fensternische des Wappenganges gegenüber der Feldherrnhalle genistet und dort Junge bekommen hatte, sah er jeden Morgen nach dem Nest und fütterte die Taube eigenhändig.

Als großer Tierfreund ging der hohe Jagdherr auch jährlich zu den Wildfütterungen nach Berchtesgaden. Bei strenger Kälte saß der Regent dann auf den Schüttplätzen und beobachtete, wie die Rehe und Hirsche sich das Futter schmecken lie-

ßen. Und auch die stolzen flinken Gemsen bewunderte der Regent ebenso gern in der freien Natur, wie er sie schoß.
Für Blumen hatte der verstorbene Fürst ebenfalls eine besondere Vorliebe: er sah sie gerne als Tafelschmuck und fuhr oft nur wegen der Blumen nach Nymphenburg. Den Bestrebungen für gärtnerischen Schmuck der Häuser widmete er sein lebhaftes Interesse.

In Lebensgefahr.

An einem Spätnachmittag des Monats August 1889, als der Regent mit Freiherrn von Zollern nach Nymphenburg fuhr und die Kreuzung Winthir-Romanstraße überfahren wollte, kam von der Romanstraße stadteinwärts ein Zug der Nymphenburger Dampfstraßenbahn. Der Lokomotivführer, welchem die Aussicht über die Kurve durch die Marienanstalt genommen war, gewahrte erst im letzten Augenblick die Equipage des Prinzregenten und konnte gerade noch durch Abstellen des Dampfes und kräftiges Bremsen einen Zusammenstoß verhindern. Die Lokomotive traf den Hofwagen nur mit einem leichten seitlichen Anstoß, so daß keinerlei schlimme Folgen entstanden. Dem Führer des Dampfzuges wurden, nachdem die Erhebungen kein Verschulden ergaben, vom Direktor Hippe für das schnelle tatkräftige eigreifen fünfzig Mark Belohnung zugewiesen. Er ist jetzt noch als Wagenwärter bei der Staatseisenbahn in München tätig.

Der Prinzregent und sein Papagei.

Zur Zeit, da Prinz Luitpold noch Kommandeur des 1. Feldartillerieregiments war, erließ er eines Tages einen Regimentsbefehl an alle Vorgesetzten, im Verkehr mit Untergebenen rohe Worte möglichst zu unterlassen. Einige Zeit darauf kaufte er in einer Vogelhandlung einen Papagei, der ihm wegen seiner großen Sprechfertigkeit gefiel. Der Vogel erhielt seinen Platz im Arbeitszimmer des Prinzen. Wer aber beschreibt dessen Erstaunen, als er am Morgen nach dem Kauf sein Arbeitszimmer betritt und ihm die Worte entgegenschallen: „Das Gewehrrr überrr! Ein Schweinegriff!" Der Prinz war baff! Die nachfolgende Untersuchung aber brachte des Rätsels Lösung. Der frühere Besitzer des Papageis war nämlich Unteroffizier im prinzlichen Regiment. So wurde der Papagei zum Verräter.

Der Postmartl.

Ein heiteres Jagdgeschichtchen, das bis heute der breiteren Öffentlichkeit wenig bekannt geworden sein dürfte und seinerzeit unter hohen und allerhöchsten Kreisen die Runde machte, wird anläßlich des Ablebens des Prinzregenten Luitpold wieder wachgerufen. Der Regent hatte in Lenggries übernachtet und beschlossen, am nächsten Morgen mit einem Herrn des Gefolges per Wagen nach dem benachbarten Orte Fall zu fahren, eine Fahrt die nicht im Jagdprogramm vorgesehen war. Der Entschluss wurde dem Posthalter, der Wagen und Pferd stellen sollte, und durch diesen wieder dem alten Kutscher Martl mitgeteilt, der ob der hohen Ehre und wahrscheinlich auch wegen des zu erwartenden reichen Trinkgeldes schier aus dem Häuschen geriet. Bis spät nach Mitternacht „fummelte“ er am Wagen und Geschirr herum, damit ja alles in tadelloser Ordnung sei. Leider kam aber die Sache, wenigstens für unseren Martl, ganz anders. Der Regent hielt es nämlich nachträglich für besser, wenn über diese seine Fahrt nichts bekannt würde. Er ließ deshalb den Posthalter dahin verständigen und diesem oblag die Aufgabe, dem Martl die Sache wieder auszureden unter dem Vorwande, nicht den Prinzregenten, sondern zwei andere „Herren aus der Stadt“ müsse er nach Fall fahren. Diese Mitteilung wirkte zuerst auf Martl geradezu niederschmetternd und dann wurde er so wütend, daß er alles liegen und stehen ließ und davonzulaufen drohte. Nur auf eindringlichsten Befehl seines Dienstherrn war er schließlich zu bewegen anzuspannen. Aber die schlechte Laune des ehrgeizigen, habsüchtigen Pferdelenkers hielt an und machte sich auch dann noch Luft, als die beiden „Stadtfrack", wie er sie nannte, bereits eingestiegen waren. Selbstverständlich amüsierte das den Regenten aufs Köstlichste. Je mehr die Herren im Wagenfonds lachten, desto deutlicher wurde Martl und der Regent beschloß schließlich der schlechten Laune des brummigen Pferdelenkers durch ein Zwanzigmarkstück Einhalt zu tun. Der Adjutant reicht also das Goldstück und sieh da, es wirkte Wunder: „Was!" meinte Martl, „dös is ganz alloa für mi?" – „Natürlich", war die Antwort. – „Und da muaß i' mein Herrn nix davo geb'n?" forschte Martl vorsichtig weiter. – „Nein, nein mein lieber Martl," antwortete der höchst belustigte Regent, „das soll eine kleine Entschädigung für dich sein, daß du den Prinzregenten nicht hast fahren dürfen"! Jetzt war der Martl plötzlich sehr zufrieden und mit schleunigem Griff ließ er das Goldstück in seine Tasche verschwinden und halb umgewendet rief er in den Wagen: „Also ganz alloa für mi', nachat recht schö und wißt's was – hiatz kann mir der Regent aa – an Buckel naufsteig'n!" Dann hieb er lustig auf die beiden Rappen ein und in raschem Tempo rollte der Wagen dahin. Welch ungleiche Wirkung dieser Kernspruch Martls auf die beiden Wageninsassen ausübte, läßt sich denken. Der Regent hat hernach geäußert, daß er schon seit langer Zeit sich nicht mehr so gründlich habe auslachen können. – Martl hält heute noch das Goldstück hoch in Ehren, und wenn er in recht guter Laune ist, erzählt er wohl auch von jener Fahrt mit den beiden Stadtfracks, von welchen einer der „Herr Küni selm g'wön is!“, wie er sich auszudrücken beliebt.

Der Prinzregent und der grobe Tiroler.

Als junger Prinz wie auch bekanntlich noch als 90 jähriger Greis liebte es Prinz Luitpold, im Gebirge dem edlen Weidwerk obzuliegen. Er beherrscht selbst vorzüglich die Dialekte aller Gebirgsvölker, besonders den Dialekt im Osten der bayerischen Alpen und die Tiroler Mundart. Und nichts freute ihn mehr, als wenn ihm ein Älpler recht derb entgegenkam. Eine seiner Jagdfahrten führte ihn auch einmal nach Bozen, wo er als Jagdgast eines österreichischen Erzherzogs weilte. Nun war damals im Sarntale unweit von Bozen ein Bauer weit und breit bekannt wegen seiner schon mehr als urwüchsigen Grobheit. Als Prinz Luitpold das hörte, machte er sich auf, um sich auch eine Grobheit

Prinzregent Luitpold auf der Hirschjagd in Fall

von dem Bauern sagen zu lassen. Er betrat also das Anwesen des Bauern mitsamt der Jagdgesellschaft und fragte, ob sie etwas zu essen bekommen könnten. Das brachte der Bauer bereitwillig und wünschte den Herren sogar gesegnete Mahlzeit. Überhaupt betrug er sich recht manierlich; unaufgefordert tischte er einen ganz alten Terlaner auf und überbot sich förmlich in Liebenswürdigkeiten, so daß der bayerische Prinz schließlich erstaunt seine Begleitung fragte, ob das denn in der Tat der grobe Bauer vom Sarntal sei. Als es ihm wiederholt versichert wurde und der Tiroler immer noch nicht Miene machte, eine Grobheit vom Stapel zu lassen, beschloß Prinz Luitpold ungeduldig den Stier bei den Hörnern zu packen. Er stellte also den Bauern und meinte: „Etz sagt amol, Ihr seid a so berühmt weg'n Eahnera Grobheiten; mecht's mir net aa a g'schmalz'ne Grobheit sag'n?“ Da blinzelte der grobe Tiroler schalkhaft mit den Augen und lehnte recht gemütlich mit den Worten ab: „O mei, dohätt‘ i vüll z'tun, wann i an jöd'n Os'l a Grobheit sag'n mecht.“ („Lieber Gott, da hätte ich viel zu tun, wenn ich jedem Esel eine Grobheit sagen möchte.“) - Warum die Herren einschließlich des so übel apostrophierten Prinzen daraufhin in ein schallendes Gelächter ausbrachen, ist dem braven Tiroler nie ganz klar geworden.

Der Prinzregent auf dem Viktualienmarkt.

In München besuchte der Prinzregent eines Tages gelegentlich eines Spazierganges mit seiner Tochter, Prinzessin Therese, den Viktualienmarkt. Unerkannt besichtigte er auch den Fischmarkt mit den vielen dort aufgestellten Kufen und Wasserbehältern, als plötzlich eine geschäftseifrige Fischhändlerin der Prinzessin zurief: „Was suchen S' denn, gnä' Frau? Genga S' her, nehma S' dem Herrn a schön's Fischerl mit hoam. So feine Fischerl hab' i', daß i heut' scho zehn Pfund zum Hof eini verkaaft hab'." - „So," entgegnete heiter der Regent, „da wäre ja für heute mein Mittagstisch schon mit Fisch versehen." Das machte die Fischhändlerin stutzig und sie erkannte den Regenten. „Jesses, Herr Prinzregent, jatz kenn' i Ihna erst! Na, wie g'sund und frisch Sie aussehen, gar net zum kenna gegen die Photagraphien. Nix für unguat, Herr, es war nöt bös g'moant." Freundlich lächelnd und grüßend empfahl sich der Regent mit der Prinzessin von den höchst befriedigten Fischverkäuferinnen.

Der schwerhörige Maler.

Über die Atelierbesuche des Prinzregenten bei den Münchner Malern ist manche hübsche Anekdote bekannt. Eine der besten ist die folgende: Der

Genremaler Prölß hatte viel von reichen Amerikanern fabeln hören, die die Ateliers in der Akademie aufsuchten und die gekauften Bilder sofort mit ins Hotel nehmen. Wer beschreibt seine Freude, als eines schönen Morgens ein vornehmer älterer Herr erscheint. Der Amerikaner! So steht es bei ihm fest! Ihm folgt ein womöglich noch vornehmer aussehender Herr, der füglich kein Diener sein kann. Also zwei Amerikaner auf einmal. Prölß malt gerade an einem Bilde, zu dem ihm ein kleines Bauernmädel und ein Spitz, ein schmutziges, ruppiges Ungeheuer, Modell sitzen. Die beiden Herren betrachten aufmerksam das Hundebild. Der ältere findet es „sehr schön." Prölß der sehr schwerhörig ist, steht mit der Hand hinterm umgeklappten Ohr da und passt scharf auf. Wie lange er denn an dem Bilde gemalt habe? fragt der „fremde Mäzen" den Maler. Prölß antwortet prompt: „Für 600 Mark können Sie's haben." Der Fremdling schüttelt den Kopf, zeigt auf den Spitz und sagt: „Wie alt ist der Hund?" Prölß: „ Ja – 75 Mark könnt' man schon für ihn fordern; aber es ist ein Erbhund, ich verkauf' ihn nicht." Jetzt lacht der Fremdling und zeigt auf das Modellmädel: „Und wie alt ist die?" Das kapiert Prölß endlich und antwortet etwas herabgestimmt und kühl, er habe sie noch nicht gefragt. Schließlich erheben sich die beiden Herren und gehen ohne Federlesens, ohne von einem Ankaufe auch nur zu reden, davon. Hans Fechner, ein Freund von Prölß (er hat diese Geschichte erzählt), der dem köstlichen Intermezzo beiwohnte, hatte für die beiden inzwischen zuvorkommend die Tür geöffnet. Zu seinem Erstaunen sieht er draußen einen Kollegen im Flur stehen, krumm gebogen vor verhaltenem Lachen. Dieser raunt ihm schnell zu: „Prinzregent!“ Im Zimmer aber schimpft Prölß laut, wie die Schwerhörigen es gern tun. Schimpft über die „neugierigen amerikanischen Lausekerle“, die gar nicht ans Kaufen gedacht hatten. Der Freund winkte ihm pantomimisch leidenschaftlich zu. Man kann draußen jedes Wort verstehen. Mit Kreide schreibt er mit großen Buchstaben an die Tür: „Das war seine Königliche Hoheit!“ Prölß liest und wirft sich entgeistert lang auf die Modellmatratze. „Prinzregent Luitpold von Bayern! O, ich Ochse!“

Der Residenz-Seppel.

Die Leutseligkeit und große Menschenfreundlichkeit des verstorbenen Regenten, die selbst bei den untersten der Dienerschaft des königlichen Hauses keine Ausnahme kannte, kennzeichnet sich so recht in der liebenswürdigen Begrüßungsart, die bis vor einem Jahre noch dem unter dem Namen „Residenzseppel“ in Nymphenburg wohlbekannten ehemaligen Hausdiener Joseph Kolb zuteil wurde, sooft der Regent nach Nymphenburg fuhr. Wenn der alte Kolb an der Ladentüre des Hauses Nr. 10 an der südlichen Auffahrtsallee stand, beugte sich der Regent jedesmal aus dem Wagen und winkte ihm aufs freundlichste Grüße zu wie einem geschätzten alten Bekannten. Joseph Kolb, der vor Jahresfrist im Alter von 67 Jahren starb, war 41 Jahre lang in der Residenz sozusagen als Hausbursche bedienstet; er hatte das Kehren der Höfe, die Heizung sämtlicher bewohnter Gemächer zu besorgen und auch Nachtwächterdienste in Unterstützung der kommandierten Gendarmen und Schutzleute versehen. Besonders in dieser Eigenschaft war er wegen seiner Unerschrockenheit und Schneidigkeit sehr geschätzt und je nachdem gefürchtet. Schlimm erging es einmal einem Hofbediensteten, der sich mit Kollegen verabredet hatte den Residenzseppel einmal auf die Probe zu stellen. Er hatte sich nachts als Gespenst in den Gängen gezeigt, um den Seppel zu erschrecken. Der aber war nicht faul, packte die Gestalt beim Kragen und beim Schopf und warf sie in mächtigem Schwung die Treppe hinunter. Der Prinzregent hatte von diesem Vorkommnis erfahren und Seppel erhielt für seine Unerschrockenheit eine ansehnliche Belohnung.

Wie der Hausbursche „Seppel“ so war auch dessen betagte Frau Anna gar wohl beliebt beim Regenten wie bei der Prinzessin Therese. Am Dienstag, 10. Dezember, sah sie ihren hohen Gönner zum letztenmal, als er von Nymphenburg zurückkehrte. Als der Wagen an ihr vorüberfuhr, bemerkte Frau Kolb, daß der hohe Herr ganz erschöpft in der Wagenecke lehnte und zum erstenmal es unterließ, ihr den gewohnten Gruß zuzuwinken. „O weh, o weh," sagte sie zu sich selbst, „jetzt is's nix mehr mit dem liab'n alt'n Herrn." Und so war's leider.

Im Schwimmbassin.

Es war im heißen Sommer 1895. Ein wundervoller Vormittag in der Militärschwimmschule mit all seinem Lärm und Jubel in dem von einem übermütigen Völkchen fast überfüllten großen Freischwimmbassin! Eben im Begriffe als diensthabender Jour-Offizier telephonisch der Kommandantur die tägliche Meldung der Wasserwärme zu erstatten, erhalte ich die gleichzeitige Mitteilung: Der Regent kommt zum Baden. Jetzt kommt Aufregung in die Bude. Die längst schon Heimgegangenen, der allbeliebte Aufsichtsoffizier Hauptmann Müller und der pensionierte Wachtmeister Hörtreiter, mit ihrem kleinen Stabe haben keine kleine Aufgabe, das Bad zu räumen. Nur einigen Offizieren ist in einer entfernten Ecke des Bassins das Verweilen gestattet. Schon hält der Hofwagen vor dem westlichen Tor und elastischen Schrittes

Jagd am Schrattenberg, Hintersteiner Tal

1. *S.K.H. Prinzregent Luitpold*
2. *Excellenz v. Wiedemann*
3. *Kriegsminister v. Horn*
4. *Justizminister v. Miltner*
5. *Ministerialrat v. Hörmann*
6. *Forstmeister Müller*
7. *Kommerzienrat Zillibiller*

folgt der greise Regent dem mit einem großen Wäschepaket vorauseilenden Leibjäger zur Kabine. Von dieser ist alsbald ein massiver Läufer bis zur Dusche und zum Bassin abgerollt. Schon nach wenigen Minuten steht der hohe Herr unter der Dusche und macht von ihr ausgiebig Gebrauch. Sichtlich vergnügt geht es die Steinstufen hinunter und im nächsten Augenblick schon teilen die muskulösen Arme die Flut. Voraus, zu beiden Seiten und rückwärts je ein Schwimmlehrer-Unteroffizier, deren Ausdauer jetzt auf eine harte Probe gestellt wird. Erst nach längerem Verweilen im Bassin begibt sich die unglaublich sehnige Gestalt des hohen Badegastes rüstig wieder zur Kabine. Inzwischen wird die Anlage der Allgemeinheit wieder freigegeben und bald darauf verläßt der Regent durch das Spalier von seinen vier triefenden Begleitern im Wasser – weil in Kleidern mitgeschwommen – das einzigartig angelegte Bad. Unter herzlichen Hochrufen hat der Leibjäger gerade noch so viel Zeit, vier Kistchen Zigarren im Kassenraum zu hinterstellen.

Wöller ischt's?

Als Prinz Luitpold als Regent zum erstenmal nach Hohenschwangau kam zur Jagd, waren die Treiber natürlich sehr neugierig, wie der neue Jagdherr aussehe. „Wöller ischt's?" fragte einer den anderen. „Der mit der schiachen Joppen dort!" antwortete einer, der den Regenten in seiner einfachen und etwas abgetragenen Jagdjoppe erkannt hatte.

Das bin ich.

Ein reizendes Geschichtchen spielte sich einmal im Spessart ab, als der verewigte Prinzregent Luitpold sich dort zur Jagd aufhielt. Der Regent unternahm gern Abstecher ohne jede Begleitung. So langte er eines Tages in den späten Nachmittagsstunden in einem verlassenen Dörfchen an. Da er Durst verspürte und sich auszuruhen wünschte, begab er sich ohne weiteres in das Wirtshaus, in dessen Gaststube sich außer den Wirtsleuten und deren achtjährigen Tochter niemand befand. Er begann mit den Leuten ein Gespräch, in dessen Verlauf das Kind plötzlich zum Prinzregenten sagte: „Wir haben ein Bild, das sieht genauso aus wie du!" Und bald brachte es auch das betreffende Bild, das den Prinzregenten darstellte. Als dieser das Wirtshaus verließ, zog er einen Bleistift aus der Tasche hervor und schrieb unter das Bild, das aus einer illustrierten Zeitschrift stammte: „Das bin ich." Der Wirt hatte ihn zu spät erkannt, doch eilte er ihm nach, um ihm für seinen Besuch zu danken. Jetzt hängt das Bild des Regenten mit den

Prinz Luitpold auf der Jagd am Obersee

von ihm geschriebenen Worten eingerahmt im Gastzimmer des betreffenden Wirtes, dessen Lokal viel von Touristen besucht wird.

Der Regent und der alte Holzknecht.

Bekanntlich unterhielt der Regent enge persönliche Beziehungen zu allerlei Bewohnern des bayerischen Hochgebirges, die sonst nicht als ausgesprochen hoffähig gelten. Aber auch diese Beziehungen und Verbindungen des Regenten litten unter der Tragik des Alters: immer mehr von den braven Gebirglern, als da sind Waldläufer, Flößer, Holzfäller, mit denen der greise Fürst auf dem landesüblichen Duzfuße zu verkehren gewohnt war, sind allmählich unsichtbar geworden, weil sie den Weg angetreten haben in die großen Jagdgründe des Jenseits. Umso größer war die Freude des Regenten, wenn er gelegentlich auf seinen Fahrten im Gebirge einen der alten Kumpane wiedersah. Freilich fiel es der Begleitung des hohen Herrn dann oft schwer, ernst zu bleiben ob der Unterhaltung, die sich in solchem Falle zwischen den alten „Spezln“ entwickelte. So traf der Regent vor Jahren zu seiner Freude oben in den Bergen einen alten, etwa 80jährigen Holzschläger, den er seit vielen Jahren kannte. „Geh‘ zu, Schorschel,“ redete er ihn an, „man siecht dich ja eh‘ gar nöt mehr! Wo steckst denn?“ „Ei no, Königliche

Hoheit," lautete „Schorschls" Antwort", „dös weißt eh' selbst! Ma' werd halt immer älter un deppeter!"

Prinzregent Luitpold, ein richtiger Jäger.

Prinzregent Luitpold war ein Jäger durch und durch und trieb's auch wie ein Jäger. Bei der grimmigsten Kälte des Winters fuhr er stets im offenen Wagen in das stundenweit entfernte Jagdrevier. Und welche Ausdauer er auf der Jagd besaß, dafür möge folgendes Beispiel dienen: Einst saß er im Revier Linderhof regungslos wie ein Steinbild auf Anstand, während der rauhe Herbststurm durch Tannen und Föhren pfiff und der Himmel eine Unzahl von weißen Flocken auf die Erde streute. Lange äugte sein Begleiter, der unterhalb seinen Stand hatte, zu ihm hinauf; doch er sah nur die leichte weite Winterdecke, die alles einhüllte. Da meinte er, sein erlauchter Herr habe bei diesem Hundewetter seinen Stand längst verlassen und schritt langsam bergan. Auf einmal erhob sich mitten aus dem Schnee eine Gestalt, der Regent, der ihm schier unmutig zurief: „Warum haben Sie ihren Stand verlassen? Ein richtiger Jäger hält doch bei jedem Wetter aus!"

Der Prinzregent und der Gamstreiber.

Michael Rupp, lediger Bauernknecht von Schönau, hat im Verlauf eines angeregten Gespräches den Brüdern Georg und Johann Moosrainer eine Anzahl von Verletzungen beigebracht, die zusammengezählt und abgeschätzt wurden und ihm sechs Wochen Gefängnis eintrugen.
Nun war aber der Rupp Michl Anführer der Schönauer Treiber und als der verwegenste Steiger so bekannt und wohl gelitten, daß sich der Regent am ersten Jagdtag nach ihm erkundigte.
Warum denn der Michl nicht da sei?
„Ja," sagte der Leitner Xaver, „leider, Königliche Hoheit, der Michl ko heuer net mittua."
„Nicht mittun? Daß so ein Mordskerl auch krank werden kann!"
„Krank is er net ..."
„Nicht?"
„ Na, aber ..." Xaver macht mit der Hand eine Bewegung, als würde er einen Schlüssel umdrehen - „ei'-g'spirrt ..."
Der Regent lächelte.
„So, so. Und warum denn?"
Xaver erzählte, was der Rupp den Moosrainern und die Moosrainer dem Rupp gesagt hätten und wie die Moosrainer den Rupp und der Rupp die Moosrainer ein bissl scharf angefaßt hätten und so weiter.

„Hm..., hm ...“ sagte der Regent und überlegte bei sich, wer denn eigentlich einen Nutzen davon habe, wenn der beste Bergsteiger hinter einem vergitterten Fenster hocke.
Das Ergebnis war, daß der Rupp Michl seine Freiheit haben sollte, solange die Jagden dauerten.
Weil er aber wieder mehr wie einen guten Gamsbock auf den Wechsel gebracht hatte, lobte ihn der Regent am letzten Tage und fragte ihn so nebenher:
„Na Michl, freust dich recht aufs Einsperren?“
„Net recht sakrisch, Königliche Hoheit.“
„Schreib‘ halt ein Gesuch um Begnadigung! Wer weiß, ob’s nicht was hilft.“
Der Gerichtsschreiber von Berchtesgaden meinte freilich, es helfe nichts, denn der Grund, den Rupp für seine Begnadigung angeben wollte, daß ein kapitaler Gamsbock rückaus gestiegen wäre, wenn ihm nicht der Michl die Reib’n abgenommen hätte, war ernstlich nicht zu fassen.
Er muß aber doch ziemlich stark gewesen sein, denn die Strafe ist dem Rupp in Gnaden erlassen worden.

Jägerblut.

Fast siebzig Jahre war Prinzregent Luitpold alt, als er am Obersee auf Gemsen jagte. Er schoß einen starken Bock, der aber krank langsam abging. Der

Schweißhund eines der Hofkavaliere setzte sich sofort auf die warme Fährte, doch bald verzog sich die Jagd in die Ferne in ein anderes Revier, und weder vom Bock noch vom Hund war etwas mehr zu sehen und zu hören. Die Jagdgesellschaft zog weiter zu Berge. In der Nähe des eisigen Grünsees hörte man plötzlich den Hund wieder laut jagen und bald bot sich das fesselnde Bild einer Wasserjagd: hinter dem Gemsbock der bellende Schweißhund in den dunklen Fluten des Bergsees. Der Regent verfolgte mit Spannung die brave Arbeit des Hundes, der, sichtlich erschöpft, dem Untersinken nahe war. Immer schwächer wurde sein Bellen; kaum noch hielt er die Nasenspitze über Wasser. Der hohe Jäger geriet in Aufregung und endlich hielt es ihn nicht mehr. Er warf die Joppe von sich; der Jäger mußte ihm die Riemen der Bergschuhe lösen, aber ehe der Regent seinen Entschluß in das Wasser zu springen, um schwimmend den Hund vor dem Ertrinken zu retten, ausführen konnte, hob der Kavalier die Büchse mit der Drohung, den Hund sofort zu erschießen, denn nie würde er zugeben, daß der Regent Gesundheit und Leben um eines Tieres willen auf das Spiel setze. Im selben Augenblicke erreichte der brave Hund den Bock, würgte ihn ab und sprang ans Ufer. Der Regent war außer sich vor Freude über diese Prachtleistung und wickelte eigenhändig in der Hütte den Hund in die Decke.

Königliche Hofjagd in Hinterstein

Die begehrte Zigarre.

Während der Spessartjagden trug sich folgende Episode zu: Dem Regente entfiel seine Zigarre. Ein Treiber, der in der Nähe seines Standes war, sah es, stürzte herbei und hob die Zigarre auf. Bevor er sie aber dem Regenten übergab, wollte er nachsehen, ob sie noch brenne, und machte deshalb einige Züge daraus, worauf er sie dem Regenten reichte. Dieser aber sagte lächelnd: „Ich gestatte Ihnen, daß sie die Zigarre ausrauchen."

Die verschmähte Zigarre.

Rauchen war eine der wenigen Leidenschaften des Regenten. Schon Ludwig I. bat seinen Leibjäger Schrattinger, seinem Sohne, dem Prinzen Luitpold, das Rauchen zu untersagen. In früheren Jahren rauchte der Prinz schon gleich nach dem Frühstück eine lange Pfeife mit griechischem oder türkischem Tabak, die auf einer Metallplatte vor seinem Stuhle stand und von einem Diener angezündet wurde. Später ging er zu den Zigarren über, von denen er früher 14 – 17 Stück, darunter 8 Importen, rauchte. Noch um zehn Uhr abends zündete sich der Fürst eine letzte Zigarre an, mit der er oft einschlief, so daß sie ihm der Diener behutsam aus dem Munde nehmen mußte. In den letzten Jahren ging er zu leichteren Sorten über und rauchte auf Anraten der Ärzte nur noch 6 Zigarren, freilich von solcher Größe, daß sie eine Brenndauer von nahezu zwei Stunden hatten. Selbst wenn der Regent Schnupfen hatte, ließ er die Zigarre nicht ausgehen, sondern hielt in der einen Hand die Zigarre in der anderen das Taschentuch. Das Zigarrenetui des Regenten, das einer Patronentasche glich, bestand aus zwei großen Taschen, von denen die eine die Zigarren für den Regenten, die andere die zum Verteilen bestimmten enthielt. Das Etui wurde, da es sehr groß war, oft von einem Lakaien nachgetragen.

Es waren eigene Zigarren, die der Regent rauchte, groß von Format, und galten nach dem Urteil Vertrauter keineswegs als Delikatessen der Tabakindustrie. Ziehen mußten sie, das war die Hauptsache.

Nun war eines schönen Herbsttages ein urwüchsiger Waldarbeiter für einen kleinen Dienst mit einer solchen Zigarre ausgezeichnet worden. Ein Jahr später traf es sich wieder, daß derselbe Arbeiter dem hohen Herren abermals eine Handreichung tat und eine Zigarre zum Lohne erhalten sollte. Der Älpler lugte argwöhnisch erst den Glimmstengel, dann den Regenten an: „Dö?... Dö kenn i! Liaba a schlechte Maß Bier als wia dös Kraut.“ Der Regent war sehr erheitert über die Einschätzung seiner Leibzigarre.

Was sich die Holzknechte im Berchtesgadener Lande erzählen.

Prinzregent Luitpold war ein kühner und leidenschaftlicher Rodler und sauste mit unermüdlicher Lust über vereiste Hänge. Einmal vertraute er seinen Rodelschlitten samt seinem Leben einem Forstwart zur Steuerung an. Im Bewußtsein der auf ihm lastenden Verantwortung glitt der Jäger, den Schlitten vorsichtig steuernd, in gemäßigter Fahrt über die vielgewundene Bahn. „Schneller, schneller!“ rief der Regent, dem's nicht flott genug ging. „Na, na,“ protestierte der Forstwart fest und bestimmt. „Wenn mit Ehana, Hoheit, was passierte, na heißet's: der Hias, der Jäger, hätt‘ halt der G'scheitere sein sollen.“
Lange Jahre hindurch hatte der alte Flodermüller in Hintersee die ehrende Aufgabe, den hohen Herrn auf einem Rodelschlitten zur Winterzeit ins Tal zu fahren. Einst mahnte der Regent, er solle langsamer fahren. Da gab der Flodermüller die landesübliche Antwort: „Hau Bua, es feit do nix.“ Lachend erwiderte der Regent: „Ja ein Bub bin ich wohl, aber schon ein ziemlich alter.“
Ein andermal fragte der Regent eine alten Förster: „Wie geht's?“ – „Ja, mei – älter wird mer und dümmer wird mer halt. Königliche Hoheit werden's an sich selber spüren.“ – „Ich merk nix,“ versicherte der Regent gutlaunig. Darauf fuhr der

Förster fort: „Ja, mir selber merken's a net, Königliche Hoheit, aber die andern merken's" –
Niemals wurde der Regent über diese urwüchsigen, von unfreiwilligem Humor erfüllten Äußerungen und Antworten ungehalten, sondern immer ging er darauf gemütlich und vergnügt ein.

Der Regent als Reisender.

Ein württembergischer Geschäftsreisender erlebte vor vielen Jahren folgende hübsche Geschichte: Auf einer Tour war er nach Berchtesgaden gekommen und machte einen Ausflug zum Königsee. Eben stand er am Ufer und wartete auf das Boot, das ihn nach St. Bartholomä bringen sollte. Da trat ein rüstiger älterer Herr neben ihn und bald entspann sich ein Gespräch. Im Laufe der Unterhaltung fragte der freundliche Herr: „Für welche Firma reisen Sie denn?" „ O," meinte der Reisende, „ich weiß nicht, ob Sie die kennen, für N & Co. in Stuttgart. „Nun meine Firma ist Ihnen wohl bekannt," meinte der andere lächelnd, „ich reise für Bayern & Co."; damit drückte er dem Reisenden schnell die Hand und ging eilenden Schrittes von dannen. Ganz bestürzt blickte ihm da der Stuttgarter nach. Jetzt erkannte er plötzlich, daß er mit dem Regenten Bayerns gesprochen hatte.

Der Regent in der Pfalz.

Von der Rundreise des Regenten in der Pfalz wird nachstehende Episode erzählt: Der Bürgermeister einer kleinen Stadt wurde bei der Vorstellung von dem Regenten gefragt, wieviel Umlagen die Gemeinde bezahle. Der Bürgermeister antwortete: „300 Prozent.“ Auf die Frage des Regenten, ob denn das die Bürger leisten könnten, gab der Bürgermeister zur Antwort: „Was wolle Se mache! Se müsse!“ Der Regent hat darüber herzlich gelacht und eine Spende für die Armen deckte bei weitem die Kosten der zu Ehren des Landesherrn hergestellten Dekorationen.

Prinzregent Luitpold in Würzburg.

Unvergessen sind in den Herzen der Franken die Festlichkeiten bei Einweihung des vom Kreise Unterfranken zum 70. Geburtstag des Regenten errichteten Frankoniabrunnens in Würzburg im Juli 1894. Das erstemal nach längerer Zeit sah die sagenumrankte Kiliansstadt den Regenten in seinen Mauern, denn auf seinen Fahrten von und zum Spessart ließ er oft nur von der Terrasse des Bahnhofes die Blicke über Giebel und Türme seiner Geburtsstadt schweifen. Zahllose Scharen treuer Untertanen waren damals herbeigeeilt, um den hohen Herrn von Angesicht zu Angesicht zu sehen und ihm ihre Ehrfurcht und Liebe zu bezeugen. In wunderbarer Rüstigkeit bewegte sich der geliebte Landesvater in der Stadt. Frühe Morgenspaziergänger konnten Zeuge seines Spazierganges durch die verschlungenen Wege des Ringparks sein oder konnten sehen, wie er mit kräftigen Armen die Wogen des Maines in der Militärschwimmschule teilte. Dem Volksfest auf dem Sanderrasen mit dem farbenreichen Trachtenbilde und den heimischen Tänzen brachte er lebhaftes Interesse entgegen. Als jedoch ein frischwangiges Schweinfurter Mädle ihn aufforderte zu einem Dreher: „Herr Prinzregent, möge Se net?“, da lehnte er doch lächelnd ab, aber er befahl seinem Flügeladjutanten, eine Runde mit der kecken Schönen zu tanzen. Er selbst bat sich zum Andenken eine Rose aus, die das Mädchen an der Brust stecken hatte.

Am Kilianstage des nächsten Jahres wurde der vom Regenten als Gegengabe für den Frankoniabrunnen gestiftete Kiliansbrunnen auf dem Bahnhofsplatz, dessen Schönheit jeden, ob Fremder oder Frankenkind, mit Entzücken erfüllt, feierlich in Gegenwart des edlen Stifters enthüllt. „In Treue fest – ist mein Wahlspruch, fest baue ich auf die Liebe und Treue meiner Franken,“ so hatte sich Prinz Luitpold im goldenen Buch der alten Mainstadt eingeschrieben, so auch lautet die Inschrift auf der Südseite des Brunnens. Wieder gab es rauschende Feste; hoch gingen die Wogen der Begeisterung; wieder waren es das Volksfest und die feenhaft schöne Beleuchtung von Festung und Käppele, die dem Regenten besonderes Vergnügen bereiteten. Als er eines Morgens in den Hofgarten stieg, um die balsamischen Düfte des Flieders zu trinken und dem melodischen Schlag der Amsel zu lauschen, da befahl er, die Gittertore zu öffnen, die Schutzmannsposten zu entfernen, damit die zahlreich vor den Toren angesammelten Menschen sich in dem Gartenkleinod gleich ihm ergehen könnten. „Ich will unbewacht mitten unter meinem Volke sein," sagte er gütig. Und eine Dame, die ihm zu Füßen gefallen war und um Hilfe aus schwerer Bedrängnis flehte, richtete er freundlich mit den Worten auf: „Stehen Sie auf, es soll alles besorgt werden."

Das letzte Mal sah Würzburg den Regenten im Herbst 1907 gelegentlich der Kaisermanöver. Der oberste Kriegsherr und eine glänzende Suite von Fürstlichkeiten waren anwesend. Mit kräftigem Zuge leerte der Kaiser den ihm von einer holden Jungfrau kredenzten Becher 93er Stein und auch der Regent trank seine Humpen bis zur Nagelprobe leer.

Eine Erinnerung an Hohenschwangau.

Eine schauerliche Nacht war es, die ich im August 1912 als Führer von 60 Wehrkraftjungen in Ammerwald durchwacht hatte. Blitz und Donner, Schnee und Regen zwangen uns, das dürftige Nachtlager um 3 Uhr morgens zu verlassen und Zuflucht in der Gaststube des Hotels zu suchen. Umso größer war aber dann die Freude, als uns ein herrlicher Morgen auf dem Marsche über den Schützensteig die Unbilden der vergangenen Nacht vergessen ließ.

„Gott mit dir, du Land der Bayern", erklang es in frohem, frischem Sang, als wir uns dem Schlosse Hohenschwangau gegen 9 Uhr früh näherten. Jeder von uns hoffte es so ganz insgeheim, daß wir am Ende doch unseren Regenten sehen könnten.

Am Schlosse ging es vorbei. – Wir hatten fast nichts geschlafen und waren noch nüchtern. – Dem Magen nach war es also höchste Zeit zum Abkochen! – Einen Platz hiezu hatten wir bald gefunden, das Feuer prasselte schon lustig, die Proviantkolonne rückte eben mit 30 Liter Milch an – da kam ein Bote vom Schlosse. – Der Regent hatte uns bemerkt. – Ich solle sofort auf das Schloß kommen, hieß es, da der Regent in einer Viertelstunde seine Ausfahrt unternehme.

Wie ich stand, direkt vom Marsch weg, ohne jedes Waschen und Bürsten folgte ich natürlich mit größter Freude dem Rufe. – Den ältesten Führer nahm ich mit. Jetzt standen wir im Zimmer des Adjutanten, der uns die freudige Botschaft übermittelte, daß der Regent uns in unserem Lager besuchen werde. Als der Adjutant mir und auch dem Führer eine Zigarre des Regenten anbot, lehnte dieser bescheiden ab mit den Worten: „Danke Herr General, ein Wehrkraftjunge raucht nicht!“

Nun ging's im Laufschritt zu den Jungen hinab. Wir hatten Glück: Lagerplatz und Wetter ideal, die Feuerstellen und sonst alles war vorzüglich geraten. – Ein Junge erkletterte noch rasch einen Baum und hißt die Fahne – da kommt auch schon der Wagen mit dem Regenten. – Der einfache Zweispänner hält an der Straße gerade vor unserem Lager. – Ober- und Unterführer treten vor dem Wagen an. – Ein herrliches, jedem unvergeßliches Bild! Ein denkwürdiger Augenblick! Der immer noch rüstige greise Regent richtet an uns viele Fragen. – Er ist in froher Stimmung und freut sich herzlich über die Jugend, die geschäftig sich ihr Frühstück zubereitet. – Zum Beschlusse des Besuches ließ der Regent noch die Unterführer antreten, denen er eigenhändig so viel „Prinzregenten-Schokolade“ reichte, daß jeder der 60 Jungen davon essen und sich ein Paketchen zur Erinnerung aufheben konnte. – Mir reichte er noch ein Bund seiner großen Zigarren – er hatte eine angeraucht in der Hand – mit den Worten: „Die Jungen werden es Ihnen schon erlauben eine zu rauchen!“

Einen Händedruck mir und dem jungen Oberführer und weiter fuhr der Wagen mit dem edlen, königlichen Freund der Jugend. Noch dreimal an diesem Tage kam der Regent an unserem Lager vorbei, immer bejubelt von den frohen Jungen, die sich in Hohenschwangau schon ganz zuhause fühlten. Hatten sie ja sogar die Erlaubnis erhalten, Holz aus den Waldbeständen des Prinzregenten zum Abkochen zu benützen.

Geschlafen haben wir alle vorzüglich in Hohenschwangau und wirklich schweren Herzens haben wir am nächsten Tag jene denkwürdige Stelle verlassen, an die sich wohl eine der schönsten Erinnerungen in unserem Leben knüpfen wird.

Für Abergläubische.

Der verstorbene Prinzregent gehörte im allgemeinen nicht zu den abergläubischen Menschen. Aber seitdem er im vorigen Jahre plötzlich bei einem Spaziergange von einem Schwindelanfall betroffen wurde, war er von Todesahnungen erfüllt. Für ihn hatte daher weder der Freitag und die Zahl 13 eine besondere Bedeutung. Aber seit dem erwähnten Vorfall verließ ihn das Gefühl nicht, daß er das Jahr 1913 nicht mehr sehen würde. So nahm er von allen ihm liebgewordenen Orten Abschied, da er überzeugt war, sie im nächsten Jahre 1913 doch nicht wiederzusehen. Spielte aber die Zahl 13 in Wirklichkeit im Leben des Prinzregenten keine Rolle, so doch merkwürdigerweise die Zahl 12. Der Prinzregent war am 12. März 1821 geboren. Die Quersumme der Jahreszahl ergibt die Zahl 12. Das Datum der Todesnacht hat die Zahl 12. Die Ziffer des Todesjahres 1912 zusammengezählt ergibt die Zahl 13. Die Ziffer des Geburtstages 12.3. und die Ziffer des Todestages 12.12. ergeben die gleiche Quersumme, nämlich 6. Die Summe beider Daten mit den Jahreszahlen 12.3.21 und 12.12.12. ergeben übereinstimmend je 36. Ferner der Geburtstag 12.3.21 ist jedesmal 3, ebenso der Todestag 12.12.12. Die Abergläubischen haben also genug Stoff zur Forschung.

© 2012 Alle Rechte für diese Ausgabe bei

Ursus Verlag & Medien
Jochstr. 8 · 87541 Bad Hindelang
at-niehoerster@t-online.de
www.ursusverlag.de

Nachdruck der Ausgabe von ca. 1918
Carl Kochs Verlagsbuchhandlung, Nürnberg

Gestaltung der Titelseite: Ramona Klein
(unter Verwendung eines Fotos von 1911)

Die Abbildungen auf den Seiten 43, 123, 132
stammen aus dem Postkartenarchiv von Thomas Finkel.

Die Abbildungen auf den Seiten 6, 10, 57, 74, 87, 126
mit freundlicher Genehmigung Hotel-Prinz-Luitpoldbad.

Alle weiteren Abbildungen stammen aus dem ursprünglichen Buch von 1918.

Druck und Herstellung:
Digitaldruck Tebben
87640 Biessenhofen

Kein Teil dieses Werkes darf ohne vorhergehende Genehmigung des Verlags veröffentlicht, kopiert, per Daten erfasst, verfilmt, vertont oder in das Internet gestellt werden.

ISBN 978-3-941414-25-9